Ralf Schröder

Motorradtouren in der **Schweiz**

Ralf Schröder

Motorradtouren in der Schweiz

STEIGER

Der Autor:
Ralf Schröder lebt als freier Journalist und Buchautor in Schleswig-Holstein. Er ist seit 1976 mit dem Motorrad in vielen Regionen zwischen Waterkant und Mittelmeer unterwegs, die Schweiz kennt er von zahlreichen Touren. In dieser Buchreihe erschien von ihm bereits der Band **Motorradtouren in Norddeutschland.** Die Touren des vorliegenden Buches hat er in den letzten Monaten aktuell recherchiert.

Die Deutsche Bibliothek – CIP-Einheitsaufnahme
Ein Titeldatensatz für diese Publikation ist bei
Der Deutschen Bibliothek erhältlich

Gedruckt auf chlorfrei gebleichtem Papier.

Steiger Verlag München 2000

Lektorat: Frank Auerbach, München
Kartografie: Theiss Heidolph, Eching

Satz: satz-studio gmbh, Bäumenheim
Reproduktion: Mayr Reprotechnik GmbH, Donauwörth
Umschlagvorderseite: Klausenpass; Umschlagrückseite: Genfer See; S. 3: Jaunpass.

Bildnachweis:
S. 13: Eberhard von Puttkamer;
S. 59, 67, 100: Frank Heins;
alle anderen Aufnahmen von Ralf Schröder.

Printed in Germany
ISBN 3-89652-207-8

Inhalt

Übersichtskarte

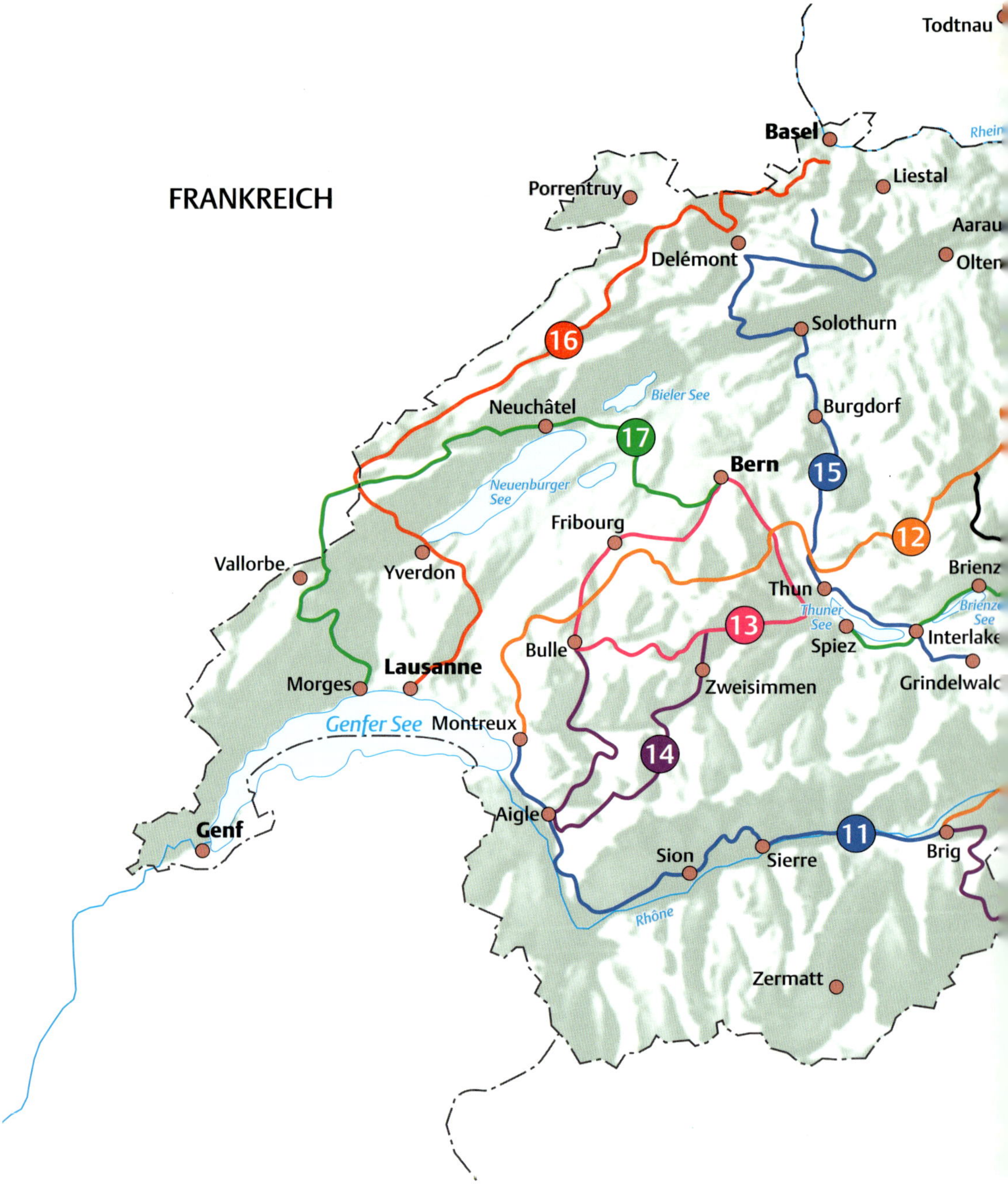

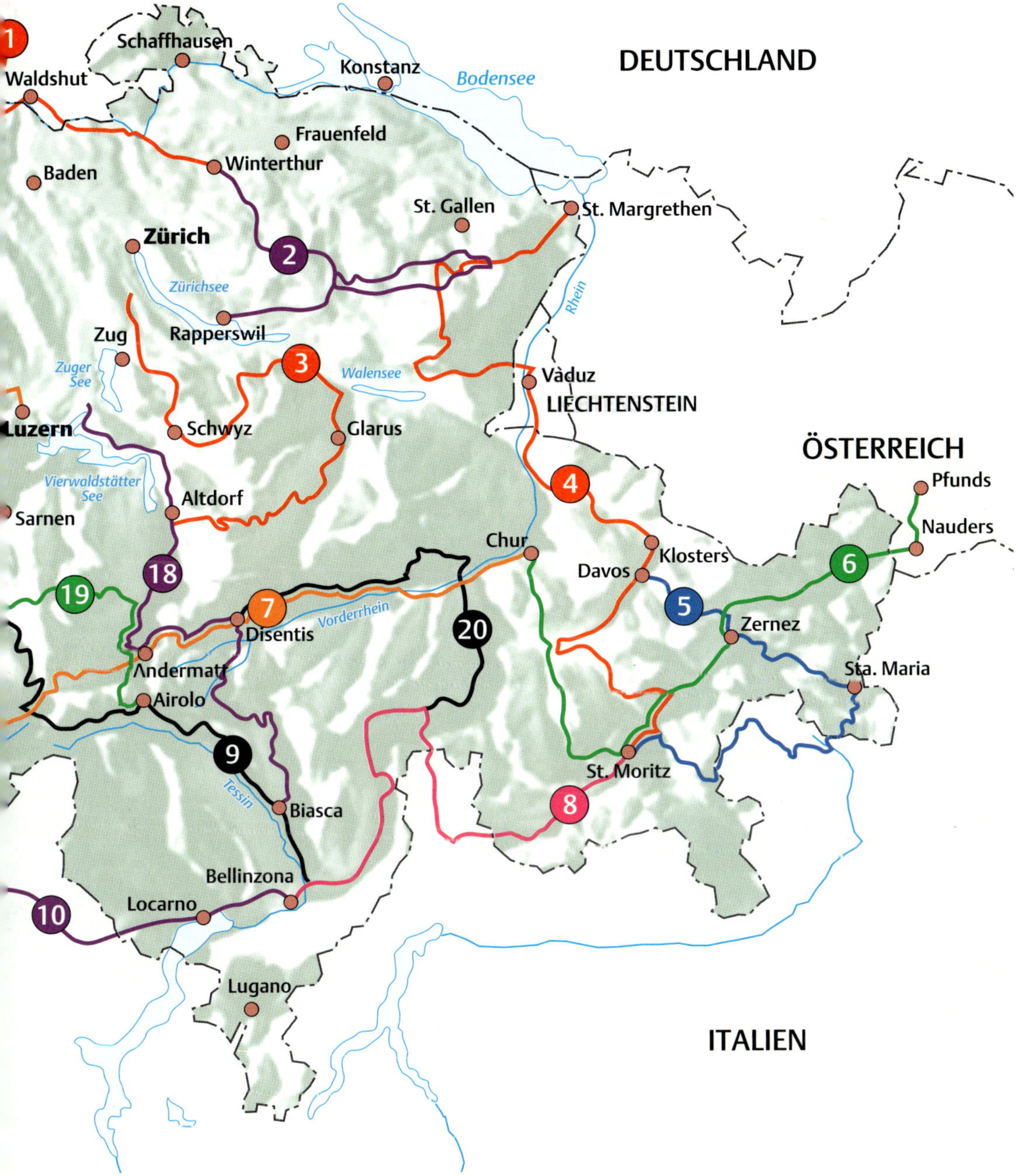
DEUTSCHLAND
Schaffhausen
Waldshut
Konstanz
Bodensee
Frauenfeld
Winterthur
Baden
St. Gallen
St. Margrethen
Zürich
Zürichsee
Rapperswil
Zug
Zuger See
Walensee
Rhein
Vaduz
LIECHTENSTEIN
Luzern
Schwyz
Glarus
ÖSTERREICH
Vierwaldstätter See
Altdorf
Sarnen
Pfunds
Nauders
Chur
Klosters
Davos
Zernez
Disentis
Vorderrhein
Andermatt
Airolo
Sta. Maria
St. Moritz
Tessin
Biasca
Bellinzona
Locarno
Lugano
ITALIEN
1
2
3
4
5
6
7
8
9
10
18
19
20

Vorwort

Die Schweiz ist eines der schönsten Motorrad-Reviere Europas. Kurvenreiche Pass-Straßen bieten Alpenpanoramen in einer Fülle, dass die Entscheidung zwischen Schauen und Genießen oder Weiterfahren oft schwer fällt. Bestimmte Pässe scheinen inzwischen zum festen sommerlichen Programm für Motorradfahrer zu gehören: Grimsel, Furka, Susten – das magische Dreieck verfehlt seine Wirkung nicht. An einem schönen Wochenende im Sommer sind hier mehr Motorräder als Autos unterwegs. Die Parkplätze auf den Passhöhen sind dann fest in der Hand der Biker. Das hat sicher seinen ganz eigenen Reiz. Wer nicht so auf Trubel steht, sollte die berühmten Pässe in der Woche fahren und an den Wochenenden auf die weniger bekannten Strecken ausweichen – sie sind oft ebenso schön.

Ich fand es besonders interessant zu sehen, wer wo in der Schweiz fährt. Einzelne Pässe sind ganz offensichtlich nur den Einheimischen bekannt. Auf dem Ibergeregg habe ich nur Nummernschilder aus den umliegenden Kantonen gesehen, selbst auf dem grandiosen Klausenpass waren fast ausschließlich Schweizer unterwegs. Beinahe machte es den Eindruck, als würden sich die deutschen Motorradfahrer nur auf wenige Routen konzentrieren, vor allem auf das oben erwähnte magische Dreieck. Das wird, bei aller Schönheit dieser Pässe, dem Reiseziel Schweiz nicht gerecht. Am Genfer See oder in der Westschweiz, im französisch-schweizerischen Grenzgebiet oder auch im Appenzeller Land finden sich wunderbare Genießertouren, die den Bergtouren in nichts nachstehen.

Ich habe versucht, die zwanzig Touren dieses Buches so zu legen, dass man die Schweiz komplett bereisen kann. Sie sollen sowohl für eine Wochenendtour für Biker aus dem süddeutschen Raum oder der Schweiz als auch für den großen Urlaub geeignet sein. Und einige Routen lassen sich auch als Transitstrecke nach Südfrankreich oder Italien gut in die Tourenplanung einbauen. Als Zubringer dienen die Touren von Pfunds in Österreich (Tour 6) und Kirchzarten im Schwarzwald (Tour 1). Aber auch einige Strecken innerhalb der Schweiz sind eher für die An- und Abreise gedacht, beispielsweise Tour 4 von St. Margrethen am Bodensee nach St. Moritz oder die beiden Touren, die im Basler Umland beginnen und nach Grindelwald beziehungsweise nach Lausanne führen.

Den idealen Toureinstieg kann solch ein Buch nicht finden, schließlich kommen Sie, die Leser, aus ganz unterschiedlichen Himmelsrichtungen. Deshalb habe ich Wert darauf gelegt, dass die Touren möglichst gut kombinierbar sind. Sowohl im Text als auch in den Roadbooks wurden die Schnittstellen der Touren markiert. Wer also von Davos aus lieber schnell über den Flüelapass ins Engadin kommen möchte, statt über den Albula nach St. Moritz zu fahren, tauscht in Davos nur das Roadbook der Tour 4 gegen das der Tour 5 aus. (Mein Tipp wäre aber, über den Albulapass zu fah-

Die Schweiz bietet Motorrad-Fahrspaß ohne Ende. Auf meist kurvenreichen, aber gut ausgebauten Straßen geht es vorbei an herrlichen Seen – hier am Genfer See –, durch idyllische Täler und über dramatische Passhöhen.

ren und dann links nach Zernez abzubiegen, um dort in Tour 5 einzusteigen.) Dies ist nur ein Beispiel, wie Sie sich trotz der festen Tourenbeschreibungen Ihre ganz persönliche Reise zusammenstellen können. Probieren Sie es einfach aus: Die Roadbooks bieten weit mehr Möglichkeiten, als nur die jeweils beschriebene Strecke in voller Länge abzufahren. Sie benötigen nur eine gute Karte und schon können Sie in die Planung Ihrer Reise einsteigen.

Wie lang eine Tour in den Bergen sein sollte, hängt stark vom individuellen Reiseverhalten ab. Als Faustregel mag gelten, dass mehr als vierhundert Kilometer am Tag nur in Ausnahmefällen zu schaffen sind. Wenn in diesem Buch eine Tagesetappe mit rund zweihundert Kilometern angesetzt wird, dann sind natürlich ein paar Pausen einkalkuliert. Man kann mehr schaffen, aber wer gerne schaut oder noch etwas besichtigen möchte, sollte sogar lieber nur 150 Kilometer pro Tag ansetzen. Nicht zu unterschätzen ist bei der Zeitplanung das Wetter: Auf nassen Pass-Straßen in den Wolken oder bei Regen zu fahren, gehört zu den weniger vergnüglichen Seiten. Die verschärfte Version erlebte ich auf dem Sustenpass bei den Recherchen für dieses Buch: Nieselregen, nasse Straße, wenig Sicht und dazu eine breite, dreißig Kilometer lange Dieselspur auf der Fahrbahn. Da hört der Spaß auf. Bei der Reiseplanung berücksichtigt werden müssen auch die Öffnungszeiten der Pässe, so dass für manche Bergtour die Saison erst im Juni beginnt und im September endet, während die Westschweiz und der Genfer See auch im Mai oder Oktober sehr schön sein können.

Vielleicht werden Sie die Städte in diesem Band vermissen. Das soll aber nicht heißen, dass Basel, Bern oder Genf nicht eine Reise Wert sind, im

Seite 10/11: Am Straßenrand finden sich immer wieder idyllische Plätzchen für ein Picknick – hier im Waadtland.

Einige der Touren in diesem Band führen in die eindrucksvolle Welt der Schweizer Hochgebirge, wie zum Beispiel die Tour 5 über den Umbrail-Pass.

Gegenteil. Wer etwas Zeit für den Urlaub mitbringt und kulturinteressiert ist, wird auch von sich aus einen Tag Stadtvisite einschieben. Dass dieses Buch die sehenswerten Städte der Schweiz auslässt, hat rein praktische Gründe: Zum einen handelt es sich um einen Motorrad-Reiseführer, nicht um einen Städteführer – dieses Buch will sich auf die schönsten Strecken konzentrieren. Zum anderen machen die Roadbooks im Stadtverkehr nur wenig Sinn – alle hundert Meter abbiegen ist auch von der Länge des Roadbooks her nicht mehr darstellbar. Deshalb beginnen und enden die Touren jeweils am Stadtrand. Ausnahmen bilden die Städte Fribourg und Neuchâtel, durch die die Touren hindurchführen.

Sie werden in diesem Band aber nicht nur die bekannten Routen finden, sondern auch kleine, fast unbekannte Straßen. Meine persönliche Vorliebe für einspurige Wege, die sonst kaum jemand fährt, lässt sich an einigen Stellen des Buches nicht verleugnen. Ich habe diese Strecken im Text so beschrieben, dass diejenigen, die meine Neigung nicht teilen, gewarnt sind und auf eine schnellere Alternativroute ausweichen können. Alle anderen möchte ich gern mitnehmen auf eine Reise durch die Schweiz, die sowohl über die großen Pässe als auch über kleine Panoramastraßen und durch lauschige Täler führt. Sie kennen den Gurnigelpass, den Scheltenpass und den Glaubenbüelenpass noch nicht? Kann kommen Sie doch einfach mit auf Tour und entdecken Sie die Schweiz mit dem Töff – so heißt auf Schweizerdeutsch ein Motorrad.

Viel Spaß wünsche ich Ihnen dabei!

Ralf Schröder

Das Roadbook

Das Roadbook dient der schnellen Orientierung an den entscheidenden Punkten der Tour, an Kreuzungen und in Orten. Das Roadbook können Sie z. B. in einer Klarsichthülle auf dem Tank oder in speziellen Roadbook-Haltern transportieren, die Sie in vielen Fachgeschäften für Motorradzubehör erhalten. Zu diesem Zweck liegt dem Buch das Roadbook auch in Form eines Leporellos bei.

Ein kurzer Blick während der Fahrt auf Ihr Roadbook genügt Ihnen, um die richtige Abzweigung zu erkennen oder um festzustellen, ob der nächste Ort eine Besichtigung wert ist.

Im „Kopf“ des Roadbooks finden Sie allgemeine Informationen: die Nummer der Tour, die angefahrenen Regionen, vor allem aber das geeignete Kartenmaterial.

Das Roadbook selbst gliedert sich in fünf Spalten:

Die Spalte **Nr./km** nummeriert die Positionen, d.h. alle aufgeführten Kreuzungen, und zeigt Ihnen die Entfernung zwischen dieser und der vorherigen Roadbook-Position.

Die Spalte **Road** nennt die Straße, auf der Sie sich zur Zeit befinden.

Die Spalte **Position** nennt den Ort, an dem Sie sich befinden.

Die Spalte **Richtung** zeigt Ihnen, in welche Richtung Sie an dieser Position fahren müssen.

Die Spalte Information gibt Ihnen zusätzliche Hinweise zu der Position, an der Sie sich befinden, z.B. Übernachtungsmöglichkeiten, Sehenswürdigkeiten oder Varianten, die sich abseits der Hauptroute anbieten.

Um den Überblick zu erleichtern, wurden folgende Abkürzungen und Piktogramme verwendet:

<20 km> = Streckenlänge hin und zurück

[XI – V] = Monatsangaben für Sperrungen der Pässe

= In diese Richtung geht es weiter

= Abbiegen aus einem Kreisverkehr

= Panoramablick

= Reizvoller Blick

V = Variante zur Hauptroute

A = Abstecher

16 = Straßennummer

Biker = Bikerfreundlich, Bikertreff

= Günstig übernachten

= Sehenswert

! = Achtung – Vorsicht

Das Roadbook dient der schnellen Orientierung an Kreuzungen. So bleibt Zeit zum genussvollen Fahren und Schauen.

1 Durch den Schwarzwald in die Ostschweiz – Von Freiburg nach Winterthur

Ausgangsort
Zarten

Zielort
Winterthur

Gesamttourenlänge
130 km

Zeitbedarf
$\frac{1}{2}$ Tag

Anschluss
Tour 2 in Winterthur

Sehenswertes
St. Blasien: Kloster; Waldshut-Tiengen: Altstadt; Kaiserstuhl: malerisches Ortsbild

Kurzbeschreibung
Die Route ist als Zubringer in Richtung Ostschweiz und Zürichsee angelegt, kann aber aufgrund der Routenführung durch den Schwarzwald zusammen mit den Touren 2 und 4 auch zu einem Wochenend-Trip durch die Ostschweiz kombiniert werden. Im Schwarzwald geht es angenehm kurvig zu, am Rhein entlang wurde eine ruhige Variante gewählt.

Keine Lust aufs Autobahnfahren? Diese Tour ist für alle diejenigen gedacht, die von Anfang an Kurvenspaß haben wollen. Damit beginnt man am besten im Schwarzwald. Der Ausgangspunkt in Zarten wurde so gewählt, dass sowohl diejenigen, die von Osten über Titisee anfahren, als auch die, die von Freiburg kommen, Anschluss an die Tour finden. Da zwischen Freiburg und Kirchzarten eine neue Trasse der B31 gebaut wird, sollte die Tour im Zweifelsfall im Zentrum von Kirchzarten begonnen werden.

Lohnenswerte Motorradstrecken gibt es hier zuhauf – schade, dass wir uns auf eine einzige Route beschränken müssen! Also geht's hinauf nach Todtnau, vorbei am Bergwildpark Steinwasen; auch der Motorradtreffpunkt Schauinsland bleibt abseits liegen. In Todtnau lockt der Abzweig zum Feldberg, aber wenn wir die Schweiz erreichen

Die Anreise durch den Schwarzwald ist so abwechslungsreich, dass man gern einen Tag länger bleibt.

wollen, ist Selbstbeschränkung angesagt – oder ein Zusatztag für den Schwarzwald. Nach dem Abbiegen in Geschwend bleiben zwei Alternativen: Über Bernau oder über Todtmoos nach St. Blasien fahren? Ich habe mich für die Route über Bernau entschieden, weil sie zwischendrin so nette Ausblicke über den Schwarzwald bietet, außerdem läuft die Strecke flott.

Über dem Ortsteil Tiengen thront das Schloss der Fürsten zu Schwarzenberg.

St. Blasien ist für sein Kloster berühmt. Die mächtige Kuppel ist schon von weitem zu sehen – sie ist die drittgrößte ihrer Art in Europa. Für eine Besichtigung sollte man sich ein wenig Zeit nehmen. Wer die nicht hat, biegt gleich rechts ab in das Albtal in Richtung Albbruck. Rund 27 Kilometer schlängelt sich die kleine, urige Straße durch das manchmal enge Albtal. Laubbäume säumen die Straßenränder und gelegentlich auch alte, unangenehm gezackte Begrenzungssteine. Nicht jede der zahlreichen Kurven ist einsehbar, der Adrenalinausstoß hält sich aber in Grenzen angesichts der geringen Verkehrsdichte. Vor allem im Herbst, wenn nasses Laub auf der Fahrbahn liegt, ist hier erhöhte Aufmerksamkeit geboten. Bei Albbruck stößt die Landstraße auf den Rhein und die B34, beide sind breit ausgebaut: der Fluss für die Schiffe, die Bundesstraße für den rollenden Verkehr. Das mag zwar perfekt sein, ist aber eher langweilig.

Die beiden Ortsteile Waldshut und Tiengen liegen etwa sechs Kilometer auseinander; zwischen ihnen befindet sich der große Grenzübergang über den Rhein in die Schweiz. Da sich hier gelegentlich Lkw-Staus bilden, lassen wir ihn rechts liegen und fahren weiter in Richtung Tiengen, wo man übrigens sehr nett Pause machen kann. Die Fußgängerzone mit ihren Cafés und Restaurants wirkt einladend, darüber thront das weiße Schloss mit seinen bunten Fensterläden. Ein praktischer Tipp am Rande: Am Geldautomaten der örtlichen Sparkasse kann man sich das Bargeld in Schweizer

Motorradtouren in der Schweiz

Region: Schwarzwald, Ostschweiz
Etappe: Freiburg – Winterthur
Karten: Generalkarte der Schweiz, 1:300000, Bundesamt für Landestopographie

Nr/km	Road	Position	Richtung	Information
1	31	Zarten	Todtnau	Hotel Bierhäusle, Breisgauer Str. 41, Freiburg-Lehen, Tel. 07 61 / 8 83 00
2 2		Kirchzarten, Umgehung aus Richtung Freiburg	Todtnau	Hotel Adler Post, Hauptstr. 16, Titisee-Neustadt, Tel. 0 76 51 / 50 66
3 10		Kreuzung Richtung Freiburg	Todtnau	
4 4		Notschrei	Todtnau	
5 2,5		Kreuzung Todtnauberg	Todtnau	
6 7		Todtnau	317 Basel	
7 1	317	Gschwend	St. Blasien	
8 12		Abzweig Todtmoos	St. Blasien	
9 3,5		Abzweig Bernau	St. Blasien	
10 3		Abzweig Feldberg	A St. Blasien	Feldberg
11 3,5		St. Blasien	Waldshut-Tiengen, Albbruck	Kloster
12 1		St. Blasien	Albbruck	
13 19		Abzweig Waldshut	Albbruck	
14 7		Albbruck	34 Waldshut	
15 8	34	Waldshut, Kreuzung 500	Schaffhausen	
16 1	34	Abzweig Grenzübergang Koblenz/CH	Tiengen	
17 2	34	Waldshut-Tiengen	2 x Hohentengen, Küssaberg	Hotel Bercher, Am Schlosspark, Waldshut-Tiengen, Tel. 0 77 41 / 4 74 70 Altstadt

Franken auszahlen lassen. (Der nächste Geldautomat ohne größere Sucherei fiel mir erst in Winterthur ins Auge.)

Unsere Route zweigt aber eigentlich zwei Kilometer vor Tiengen rechts ab und ist nach Küssaberg ausgeschildert. Oberhalb des deutschen Rheinufers fahren wir durch Wiesen und Felder mit Obstbäumen und Sonnenblumen. Die leicht hügelige Landschaft wirkt gemütlich, die Dörfer sind sauber herausgeputzt, üppige Geranien in Blumenkästen zeugen vom warmen Klima.

Vor Hohentengen zweigt rechts eine Straße ab, die nach Kaiserstuhl und zum Zoll ausgeschildert ist. Dabei handelt es sich nicht um den berühmten Berg bei Freiburg mit dem gleichnamigen Weinbaugebiet, sondern um ein Dorf auf der schweizerischen Rheinseite. Direkt an der alten Steinbrücke über den Rhein stehen sich die Zöllner die Beine in den Bauch, denn hier ist nicht viel los. Einen hübscheren Arbeitsplatz dürfte es beim deutschen Zoll kaum geben, denn Kaiserstuhl liegt mit seinen Fachwerkhäusern pittoresk gegenüber am Rheinufer. Das Kopfsteinpflaster rumpelt unter den Rädern, Tempo 30 ist angesagt, bis droben am Ortsausgang die Straße 7 erreicht ist. Sie führt uns dann weiter bis dann nach Winterthur. Bei Glattfelden ist sie ein kurzes Stück zur Autobahn ausgebaut, die allerdings (noch) nicht vignettenpflich-

Im Rheintal bei Küssaberg zeugen Sonnenblumen von dem angenehm warmen Klima.

1 Von Freiburg nach Winterthur

Nr/km	Road	Position	Richtung	Information
18 3		Kadelberg	Hohentengen, Küssaberg	
19 3		Rheinheim	Hohentengen, Küssaberg	
20 10		Abzweig zum Zoll	Kaiserstuhl/ CH, Zoll	
21 1,3		Kaiserstuhl	7 Winterthur	Historischer Ortskern
22 5	7	Beginn Autobahn	Glattfelden	Kurzes Stück Autobahn bis Pos. 24
23 3,5		Glattfelden	Winterthur	
24 0,1		Glattfelden	7 Winterthur	
25 1	7	Kreuzung 4	Winterthur	
26 7	7	Embrach	Winterthur	
27 0,5	7	Embrach	Winterthur	Hotel zum Engel, Flaach, (10 km Richtung Schaffhausen) Tel. 0 52 / 3 18 13 03
28 7,5	7	Winterthur	Stadtzentrum	
29 0,7	7	Kreuzung Autobahn nach Zürich	Stadtzentrum	

tig ist. Unsere Route ist trotzdem parallel durch das Dorf Glattfelden ausgewiesen, man kann aber ebenso gut die drei Kilometer auf dem Autobahnstück zurücklegen. Spätestens in Embrach fällt auf, dass die Schweizer offensichtlich ein Faible für den Kreisverkehr haben. Dauernd muss man in diesem Land im Kreis fahren, ob es nun Sinn macht oder nicht. Die meist engen Kurvenradien sind dabei für Motorräder nicht sonderlich glücklich gewählt, aber wo wird im Straßenbau schon an Motorräder gedacht?

Je näher man Winterthur kommt, desto dichter wird der Verkehr. Das Roadbook endet an der Kreuzung zur Autobahn, die von Zürich kommt und nach Konstanz und St. Gallen führt. Der Anschluss zu Tour 2 ist jedoch weitgehend problemlos zu finden, denn Winterthur ist vergleichsweise übersichtlich. Im Zentrum muss man sich nur nach der Ausschilderung zur Straße 15 nach Turbenthal und Rapperswil richten. Die Stadt selbst ist eigentlich recht nett, insbesondere die

Bernau ist einer der typischen Schwarzwaldorte, die wir auf unserer Anreise in die Schweiz passieren.

In den grenznahen Städten kann man Geld wechseln und die Autobahnvignette kaufen.

Altstadt mit ihren Bürgerhäusern, doch für einen längeren Stopp gibt es lohnenswertere Ziele im weiteren Verlauf der Anschluss-Tour.

Günstige Übernachtung
Hotel Bierhäusle
Breisgauer Straße 41
Freiburg-Lehen
Tel. 07 61 / 8 83 00

Hotel Adler Post
Hauptstraße 16
Titisee-Neustadt
Tel. 0 76 51 / 50 66

Hotel Bercher
Am Schlosspark
Waldshut-Tiengen
Tel. 0 77 41 / 4 74 70

Hotel zum Engel
Flaach
Tel. 0 52 / 3 18 13 03

Auskunft
Schwarzwald Tourismusverband
Bertoldstraße 45
79098 Freiburg
Tel. 07 61 / 3 13 17
Fax 07 61 / 2 92 15 81

Tourist Service
Im Bahnhof
Postfach
CH-8401 Winterthur
Tel. 0 52 / 2 12 00 88
Fax 0 52 / 2 12 00 72

2 Wo die lila Kuh zu Hause ist – Von Winterthur durchs Appenzeller Land nach Rapperswil

Ausgangsort
Winterthur

Zielort
Rapperswil

Gesamttourenlänge
180 km

Zeitbedarf
1 Tag

Anschluss
Von Tour 1 in Winterthur, an Tour 4 in Urnäsch und Waldstatt, zu Tour 3 entweder in Ricken oder Rapperswil

Sehenswertes
Lichtensteig: Rathaus, Altstadt; Rapperswil: Burg, Altstadt

Kurzbeschreibung
Die Bilderbuch-Schweiz ist das Thema dieser Rundtour durch das Appenzeller Land. Kleine Straßen mit wenig Verkehr bieten neben dem obligatorischen Kuhglocken-Gebimmel viel Fahrspaß. Auch ohne große Pässe und enge Serpentinen geht es reichlich auf und ab, an Kurven mangelt es nicht. In Kombination mit Tour 1 kann diese Tour gut als Wochenend-Trip gefahren werden.

Raus aus Winterthur kommt man schnell. Die Straße verläuft im Tal und macht alle Schlenker des Flusses Töss mit. Die Kurven sind meist weit, hier läuft die Maschine richtig flott. Ein gewisses Bedauern, dass in der Schweiz generell Tempo 80 auf Landstraßen herrscht, macht sich breit. Hier könnte man deutlich schneller zur Sache gehen, wären die Bußgelder nicht so hoch in diesem Land. Egal, die ersten dreißig Kilometer bis nach Steg, wo wir links in Richtung Wattwil und Wil abzweigen müssen, vergehen wie von selbst. Es folgt der erste Pass dieses Buches, bis auf 953 Meter geht es zum Hulftegg hinauf. Das ist zwar angesichts der Zweitausender in den Alpen nicht viel, macht aber trotzdem Spaß, entscheidend ist schließlich der Höhenunterschied. In diesem Fall sind es 250 Höhenmeter, die überwunden werden wollen. Teils verläuft die Straße durch einen hohen Laubwald, dann wieder säumen Weiden den Weg. Droben auf dem Hulftegg steht ein Gasthof, der an Wochenenden gern von Motorrad-

Auf dem Hulftegg wird die erste Passhöhe mit Mittelgebirgscharakter erreicht.

In Appenzell treffen sich Touristen aus aller Welt – Kuhglocken oder Käse scheinen dann obligatorische Souvenirs zu sein.

fahrern als Ziel angelaufen wird. Die Aussicht reicht weit ins Tal in Richtung Lichtensteig und Wattwil.

Die beiden Kleinstädte haben eine Umgehungsstraße erhalten, was angesichts der teils engen Ortsdurchfahrt in Lichtensteig auch sinnvoll ist. Um zu dem Abzweig nach Hemberg zu gelangen, müssen wir aber an den schmucken Fachwerkhäusern und dem alten

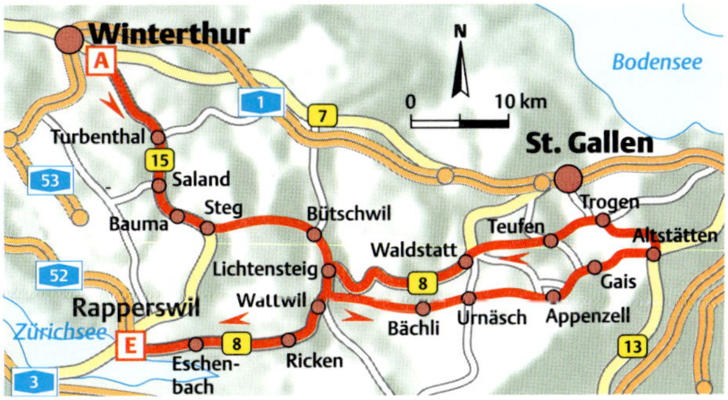

Motorradtouren in der Schweiz

Region: Appenzeller Land
Etappe: Winterthur – Rappersmil
Karten: Generalkarte der Schweiz, 1:300 000, Bundesamt für Landestopographie

Nr/km	Road	Position	Richtung	Information
1	15	Winterthur Zentrum	Turbenthal	
2 15	15	Turbenthal	Rappersmil	
3 5	15	Saland	Rappersmil	
4 4	15	Bauma	Rappersmil	
5 5	15	Steg	Wattwil, Wil	
6 8		Mühlrüti, Abzweig Wil	Wattwil	
7 8		Bütschwil	Wattwil	
8 0,5		Bütschwil	16 Wattwil	
9 2	16	Beginn Umgehung	Lichtensteig	
10 2,5		Lichtensteig	Wattwil	Rathaus, Altstadt
11 1		Lichtensteig	16 Wattwil	
12 1,3	16	Wattwil	Hemberg	Geradeaus nach Ricken: weiter ab Pos. 34
13 9		Hemberg	St. Gallen	
14 3		Bächli	Urnäsch, Appenzell	Unübersichtliche, enge Spitzkehre
15 9		Urnäsch	Appenzell	Anschluss Tour 4 Richtung St. Moritz
16 0,5		Urnäsch	Appenzell	
17 1,5		Abzweig Herisau	Appenzell	

Rathaus vorbei bis ins Zentrum von Wattwil fahren. Das Schild Richtung Hemberg ist klein und leicht zu übersehen, einen Vorwegweiser gibt es nicht. Kaum aus Wattwil heraus, steigt die Straße an, gibt noch einmal den Blick zurück ins Tal frei, um dann in die angekündigte „Bilderbuch-Schweiz“ zu führen. Irgendwie sieht es hier aus, als könnte jeden Augenblick eine lila Kuh um die Ecke kommen. Und vor den Höfen, traditionell aus Holz gebaut, sitzen langbärtige Bauern. Fehlt nur noch, dass sie „It's cool, man“ sagen! Zwischen Wattwil und Hemberg haben wir wieder 300 Höhenmeter überwunden. In Bächli, einem Dorf, das aus wenigen Höfen besteht, sind wir bereits bei rund 950 Metern angelangt. Die Straße ist schmal und der Abzweig rechts nach Urnäsch wird spät angezeigt. Oh, wie übel! Die Spitzkehre ist so eng, dass ich die volle Fahrbahnbreite brauche. Auch wer es im ersten Anlauf eleganter schafft, sollte vor der Abzweigung kurz nach rechts oben schauen, ob dort nicht ein Traktor, der Schulbus oder ein Müllwagen die Fahrbahn blockiert. Dann hat man in der Spitzkehre ganz schlechte Karten.

Einsam ist die Landstraße nach Urnäsch, die Fahrzeuge, die einem entgegenkommen, lassen sich an einer Hand abzählen. In Urnäsch versetzt die Strecke kurz, einmal links abbiegen und gleich wieder rechts weg in Richtung Appenzell. In der Schweiz gibt es viele gute Käsesorten, zu den im Ausland bekanntesten gehört neben dem Emmentaler der Appenzeller. Unsere Route lässt ahnen, warum hier so viel Käse hergestellt wird: Grüne Wiesen, so weit das Auge reicht, machen die Kühe satt und rund, ständig wird man als Motorradfahrer von den großen braunen Augen angeguckt. Glücklicherweise befinden sie sich alle hinter dem Zaun. Neugierig geschaut wird auch in Appenzell selbst, wo sich offenbar mehr Touristen als Einheimische aufhalten. Entsprechend viel Souvenirs gibt es hier, und in vorderster Front hängen Kuhglocken jeder Größe. Appenzell wirkt fast schon wie eine Karikatur der Schweiz – oder liegt das nur an der fernöstlichen Reisegruppe, die fröhlich glockenschwenkend (und sich gegenseitig fotografierend) die Fußgängerzone besetzt hält? Zumindest kann man zwischen verschiedenen Cafés und Restaurants wählen, während auf den letzten Kilometern zuvor weder der Tank der Maschine noch der Magen gefüllt werden konnte.

Die Straße über Gais nach Altstätten verläuft oberhalb des Rheintals, der Blick reicht über die Ebene bis auf die österreichische Seite. Wir fahren weit hinab ins Tal, bis auf 460 Meter, aber nur, um gleich wieder zum Ruppenpass auf über 1000 Meter hinaufzuwedeln. Trogen mit seinem großen Dorfplatz ist das Ziel der kurvigen Landstraße. Der urig wirkende Dorfplatz mit den alten, hohen Fachwerkhäusern ist menschenleer, an einer Fassade prangt ein mannshohes, rotes Fragezeichen. Ist das Kunst? Oder was soll das? Das Fragezeichen erfüllt ohne Zweifel seinen Zweck, man steht fragend davor.

Der Markt des kleinen Dorfs Trogen ist von historischen Häusern gesäumt.

Nr/km	Road	Position	Richtung	Information
18 / 8		Appenzell	↑ Zentrum	
19 / 1,5		Appenzell	Kreisverkehr Altstätten, St Gallen	
20 / 1,3		Appenzell	← Altstätten, St Gallen, Gais	Hotel Alpenblick, Schwende-Weissbad, (4 km Richtung Rüte) Tel. 0 71 / 7 99 11 73
21 / 4		Gais	↑ Altstätten	
22 / 11		Altstätten	← St. Margrethen	
23 / 0,2		Altstätten	← Trogen	
24 / 8		Abzweig St. Anton	↑ Trogen	
25 / 5		Trogen	← Teufen	
26 / 2		Speicher	← Teufen	
27 / 5		Teufen	↑ Herisau	
28 / 1,5		Teufen	← Herisau, Wattwil	
29 / 0,5		Teufen	↑ Herisau, Hundswil	
30 / 5		Abzweig Appenzell	→ Herisau, Hundswil	
31 / 3		Waldstatt	← Urnäsch	Hotel Löwen, Poststr. 3, Herisau (4 km Richtung Herisau) Tel. 0 71 / 3 51 17 55
32 / 0,6		Waldstatt	V ↑ 8 Wattwil	Anschluss Tour 4 Richtung St. Moritz V
33 / 20	8	Lichtensteig	↑ Wattwil	
34 / 1	8	Lichtensteig	↑ 16 Wattwil	
35 / 1,3	8/16	Wattwil	→ Rapperswil	

Über Teufen und Hundswil geht es auf ähnlich netten Landstraßen zurück nach Westen. St. Gallen und Herisau sind nur wenige Kilometer entfernt – falls jemand dorthin möchte. In Waldstatt nehmen wir die Abkürzung zur Straße 8, die oben im Ort genau an der Gabelung endet. Halb links geht es nach Urnäsch (Tour 4); auf dieser Tour aber fahren wir geradeaus zurück nach Lichtensteig und Wattwil. Nach all den kleinen Sträßchen – so schön sie auch sind – ist es angenehm, nun einmal wieder eine breite Hauptstraße unter die Räder zu bekommen, die flott läuft. Der Kreis schließt sich in Lichtensteig: In Wattwil geht es diesmal am Abzweig nach Hemberg geradeaus vorbei. Natürlich können sich diejenigen, die es eilig haben oder gleich an den Zürichsee wollen, die Runde durch das Appenzeller Land sparen und von Anfang an hier geradeaus fahren.

Die Route in Richtung Rapperswil führt über den Rickenpass, der aber als solcher kaum zu erkennen ist. Hier gibt es einen Abzweig auf der Straße 17 nach Niederurnen, eine Möglichkeit, um auf direktem Weg Anschluss an Tour 3 zum Klausenpass zu bekommen. Wer so fährt, verpasst aber Rapperswil, das einen Besuch lohnt, vor allem wegen der Kneipenszene. An der Promenade am Zürichsee liegt Restaurant an Restaurant, Tische stehen draußen, kurzum: Hier ist richtig was los. Wer Zürich besuchen möchte, wohnt hier billiger und netter. Linienschiffe verbinden Rapperswil mit Zürich, eine echte Alternative zum Motorrad, jedenfalls für einen Tag mal. Zum Anschluss an Tour 3 gibt es

Nr/km	Road	Position	Richtung	Information
36 / 0,5	8	Wattwil	↱ Rapperswil	
37 / 6	8	Ricken	V ↑ Rapperswil	17 Niederurnen, Anschluss an Tour 3 V
38 / 10	8	Eschenbach	Rapperswil ↰	
39 / 4	8	Kreuzung Autobahn	↑ Rapperswil	
40 / 0,8	8	Abzweig Uznach	↑ Rapperswil	
41 / 2	8	Jona	↑ Rapperswil	
42 / 1	8	Rapperswil		Hotel Jakob, Hauptplatz 11, Rapperswil, Tel. 0 55 / 2 20 00 50 Burg, Altstadt

So unüberschaubar ist die Kreuzung in Trogen nun auch wieder nicht, dass man mit einem großen Fragezeichen auf dem Markt steht.

mehrere Alternativen. Zum einen kann man am gegenüberliegenden Seeufer bis Thalwil fahren, um dann nach Adliswil abzubiegen. Abkürzen kann man auf der Route von Wädenswil nach Baar und Zug, dann fehlen nur die ersten Kilometer. Landschaftlich schön ist die Abkürzung von Pfäffikon gegenüber von Rapperswil über den Etzelpass (950m) hinauf nach Einsiedeln. Diese Variante hat jedoch den Nachteil, dass man den schönen Streckenverlauf am Ägerisee und über den Ibergeregg-Pass nicht mitbekommt. Wie man es auch macht, Rapperswil ist ein guter Ausgangsort für den Höhepunkt von Tour 3, den Klausenpass.

Günstige Übernachtung

Hotel Alpenblick
Schwende-Weissbad
Tel. 071/7 99 11 73

Hotel Löwen
Poststraße 3
Herisau
Tel. 071/3 51 17 55

Hotel Jakob
Hauptplatz 11
Rapperswil
Tel. 0 55/2 20 00 50

Auskunft

Tourist Service
Im Bahnhof
Postfach
CH-8401 Winterthur
Tel. 0 52/2 12 00 88
Fax 0 52/2 12 00 72

Tourismusverband
Ostschweiz
Bahnhofsplatz 1a
Postfach
CH-9001 St. Gallen
Tel. 071/2 27 37 37
Fax 071/2 27 37 47

Tourist Information
Fischmarktplatz 1
Postfach 1006
CH-8640 Rapperswil
Tel. 0 55/2 20 57 57
Fax 0 55/2 20 57 50

3 Der Berg ruft – Von Adliswil bei Zürich nach Bürglen

A **Ausgangsort**
Adliswil

Z **Zielort**
Bürglen

km **Gesamttourenlänge**
180 km

Zeitbedarf
1 Tag

Anschluss
Von Tour 2 in Adliswil, Baar oder Niederurnen, an Tour 18 in Bürglen

Pässe geschlossen
Ibergeregg XII – III, Sattelegg XII – III, Klausenpass X – V

Kurzbeschreibung
Diese Route bietet alle Highlights der Schweiz in einer Tour: einen eher lieblichen Mittelgebirgscharakter von Adliswil bis Zug, schmucke Seen wie den Ägerisee, enge, kurvenreiche Straßen hinauf zum Ibergeregg und hinter Glarus mit dem Klausenpass eine Bergstrecke, die zu den schönsten der Schweiz zählt. Fahrerisch ist diese Tour anspruchsvoll. Auch wenn 180 Kilometer wenig zu sein scheinen, kann man damit problemlos einen Tag füllen.

Der Ausgangspunkt dieser Tour wurde mit Adliswil so gewählt, dass er von Zürich aus gut zu erreichen ist. Wer von Tour 2 aus anschließen will, kann von Rapperswil über den Seedamm hinüber nach Pfäffikon und weiter über Wädenswil nach Baar fahren. Dann verpasst man nur den Albispass, der mit seinen 791 Metern aber ohnehin nicht zu den Top Ten zählt. Landschaftlich reizvoll ist die Straße von Adliswil nach Baar durchaus, ein paar schöne Ausblicke, zunächst auf den Türler See, dann auf den Zuger See, erfreuen das Auge. Die Straße ist gut ausgebaut, Felder und Obstwiesen wechseln sich mit kurzen Laubwald-Passagen ab. Die Kurven des Albispasses sind weit – sie dienen als leichtes Aufwärmtraining für die kommenden Aufgaben. Bevor es ernst wird mit den Bergstrecken, ist aber noch eine Fahrt durch den Kanton Zug angesagt.

Der Ägerisee liegt idyllisch von Bergen umschlossen an der Strecke von Zug nach Schwyz.

Obwohl zum Ibergeregg nur eine schmale Straße hinaufführt, trifft sich hier an Wochenenden die einheimische Motorradszene.

Für mich war der folgende Abschnitt eine echte Entdeckung. Als ich von Baar aus hinauf nach Ägeri kam, war ich überrascht, hier einen so schönen See mit kleinen Fischerbooten vorzufinden. Sicher, die Schweiz hat viele schöne Seen, jeder kennt den Vierwaldstätter See oder den Genfer See, um nur zwei zu nennen. Vom Ägerisee hatte ich zuvor noch nicht gehört. Sonne auf dem Wasser und eine Straße, die rund sieben Kilometer am Ufer entlang führt – was will man mehr an einem Sonntagmorgen? Hinter Sattel geht es dann auf die schnell ausgebaute Straße 8 in Richtung Schwyz, der Keimzelle der Schweiz. Schwyz sieht aus, als habe man die Zeit angehalten: das Stadtbild voller Fahnen, die Straßen so sauber aufgeräumt, als befände man sich in einem Museum – fehlt nur noch, dass Wilhelm Tell gleich mit der Armbrust um die Ecke kommt. Apropos Ecke: Wären mir am Abzweig zum Ibergeregg nicht ein paar Motorradfahrer entgegengekommen, hätte ich das Sträßchen für eine Hofeinfahrt gehalten. Ein Auto passt mit Mühe durch, zwei Motorräder kommen gerade noch aneinander vorbei, so eng ist die

3 Von Adliswil bei Zürich nach Bürglen

Motorradtouren in der Schweiz

Region: Zentralschweiz
Etappe: Adliswil bei Zürich – Bürglen
Karten: Generalkarte der Schweiz, 1:300 000, Bundesamt für Landestopographie

Nr/km	Road	Position	Richtung	Information
1	4	Adliswil	↑ Albis	Hotel Jakob, Hauptplatz 11, Rapperswil, Tel. 0 55 / 2 20 00 50
2 / 2		Abzweig Langnau	↑ Albispass	
3 / 3,5		Albispass 793 m		
4 / 2		Abzweig Luzern	↑ Hausen	
5 / 2,5		Hausen	↑ Zug	
6 / 2		Kappel	↑ Zug	
7 / 2,5		Abzweig Affoltern	Zug, Baar ←	
8 / 2		Baar	(Kreisverkehr) ↑ Ägeri	
9 / 0,8		Baar	→ Ägeri	
10 / 3		Abzweig Zug	Sattel, Ägeri ←	
11 / 17		Sattel	Schwyz ←	
12 / 0,2		Sattel	→ Schwyz, Gotthard	
13 / 7		Abzweig Luzern, Gotthard	Schwyz, Ibergeregg ←	
14 / 1,3		Schwyz	Ibergeregg, Rickenbach ←	Schmale Einfahrt direkt vor der Kirche, Kopfsteinpflaster !
15 / 11		Passhöhe Ibergeregg 1410 m		Motorradtreff am Restaurant Hotel Passhöhe, Ibergeregg, Tel. 0 41 / 8 11 20 49 Biker
16 / 6		Oberiberg	Einsiedeln ←	
17 / 3,5		Unteriberg	Einsiedeln, Sattelegg ←	

kopfsteingepflasterte Einfahrt, die direkt vor der Kirche links abzweigt. Und ehrlich gesagt, viel breiter wird es die nächsten elf Kilometer selten. Eineinhalbspurig und meist ohne Mittelstreifen steigt die Straße von 500 auf 1400 Höhenmeter, Kurve an Kurve. Der Straßenbelag ist geschunden, weist einige ekelhafte Löcher und Rillen auf. Das scheint die einheimischen Motorradfahrer aber nicht zu stören, im Gegenteil, ein Bike nach dem anderen rauscht hier durch den Laubwald rauf und runter. Selbst Rennhobel, die bei diesem Pflaster und den engen, oft nicht einsehbaren Kurven ihre Stärken nun wahrlich nicht ausspielen können, scheinen sich auf der Ibergeregg-Strecke wohl zu fühlen. Die Erklärung folgt auf der Passhöhe (1410 Meter), wo sich ein Restaurant mit einer Veranda befindet, das fest in der Hand der Biker ist. Und was hier alles an Maschinen steht: eine alte Norton Commander neben einer Duc aus den Siebzigern, Japaner, BMW, alle mit schweizerischen Kennzeichen, die meisten aus Zürich, Schwyz und Uri. Deutsche oder österreichische Kennzeichen? Fehlanzeige.

Hinunter nach Oberiberg und Unteriberg öffnet sich das Hochtal mit Höfen und Obstbäumen, bis der Sihlsee erreicht wird, ein Paradies für Surfer, die sich dort treffen. Unsere Route biegt bei Willerzell nach rechts und führt hinauf zum nächsten Pass, dem Sattelegg, der nicht

Die Auffahrt zum Klausenpass führt ab Linthal über das Hochtal Urnerboden.

Nr/km	Road	Position	Richtung	Information
18 6		Abzweig Einsiedeln	Sattelegg, Willerzell	Zunfthaus Bären, Hauptstr. 76, Einsiedeln, Tel. 0 55 / 4 18 72 72
19 3		Willerzell	Sattelegg	
20 5		Passhöhe Sattelegg 1190 m		
21 6		Sonne	Chur, Zürich, Siebenen	
22 6		Siebenen	3 Chur	
23 10	3	Abzweig Autobahn	Glarus, Klausen	
24 7	3	Näfels, Abzweig 3 nach Sargans	17 Glarus, Klausen	
25 8	17	Glarus	Klausen	
26 39	17	Passhöhe Klausenpass 1952 m		Hotel Klausenpasshöhe, Tel. 0 41 / 8 79 11 64
27 25	17	Bürglen		Anschluss Tour 18 nach Andermatt und Biasca

ganz so stark von Motorrädern befahren wird. Auch hier der obligatorische Bikertreff auf der Passhöhe, die bei 1190 Metern liegt. Wohl dem, der in Schwyz noch einmal vollgetankt hat – ich hatte es nicht. Hinunter nach Sonne war Rollenlassen angesagt – mal schauen, wann die nächste Zapfsäule kommt! Und das kann dauern in der Schweiz, zumal an einem Sonntag. Selbst auf der befahrenen Straße 3 von Siebenen bis Niederurnen war keine geöffnete Tankstelle zu finden, nur diese vermaledeiten Automaten, die ausschließlich Schweizer Kreditkarten akzeptieren. Ob EC-Karte oder Amex, EuroCard oder Visa, wenn die Karte in Deutschland ausgestellt wurde, zeigen die Automaten nur „Systemfremde Karte“ an, aber rücken keinen Tropfen raus. Und einen Hundertfrankenschein opfere ich nicht für 18 Liter Sprit. Irgendwo zwischen Niederurnen und Näfels, als ich mich schon auf Schieben eingestellt hatte, tauchte dann endlich Rettung in Form einer BP-Tankstelle mit Bedienung auf. Zukünftig sonntags rechtzeitig tanken! Diese Lektion habe ich gelernt.

Eine Tafel weiße Schokolade für den Fahrer und Super bleifrei für das Motorrad, und schon geht es unbeschwert an den Aufstieg zum Klausenpass, der sich hinter Glarus in zwei Etappen vollzieht. Der erste Teil von Linthal hinauf nach Urnerboden ist ein Stück aus dem Museum für Straßenbau: Kehren mit Kopfsteinpflaster, Begrenzungssteine von anno dunnemals. Diesmal verstellen keine Bäume den wunderbaren Ausblick ins Tal, in weiten Serpentinen zieht sich die Straße hinauf ins Hochtal. Die Sonne lässt den Schnee auf den Bergkuppen glänzen – das sind die Augenblicke, wo solche Strecken wie das reine Motorradparadies wirken. Aber lass es hier mal regnen, diese Kopfsteinkehren nass und glitschig sein! Dass die Straße im Hochtal des Urnerbodens wie eine Rüttel-Teststrecke wirkt, kann mich an solch einem schönen Tag nicht nerven, im Gegenteil, ich finde es eher urig. Außerdem ist am Ende des Tals bereits der zweite Teil des Aufstiegs zu sehen, lauter Schleifen und Kehren, die einen großartigen Blick zurück freigeben. Auf der Passhöhe, die nur knapp unter 2000 Meter liegt, scheint an diesem Sonntag großes Motorradtreffen zu sein, der Parkplatz ist voll

Vorsicht, wenn der Postbus sein Signal gibt: Er braucht die volle Straßenbreite in den Kurven des Klausenpasses.

von Maschinen. Die paar Autofahrer, die noch einen Stellplatz gefunden haben, müssen sich ziemlich verloren vorkommen.

Wenn es auf den Herbst zu geht und man gar an einem Wochentag hier oben ist, sieht es anders aus. Dann hat man die freie Auswahl auf dem Parkplatz und an den Tischen der Klause. Dafür kann es einem passieren, mitten in den Almabtrieb zu geraten. Ein mutiges Überholmanöver scheitert an der Dickfelligkeit der Vierbeiner: Kühe links und rechts, Kühe vorne und hinten, das ist gewöhnungsbedürftig. Dann stellt sich plötzlich sehr konkret die Frage, ob sie die offenen Auspufftüten ebenso schätzen wie der Fahrer. Lautet die Antwort nein, muss mit auskeilenden Hufen gerechnet werden. Aber glücklicherweise sind Schweizer Kühe entweder gutmütig oder haben den gleichen Geschmack wie der Fahrer. Der Abtrieb des Motorrads ist übrigens auch ohne Kühe spektakulär: Die Straße verläuft an einem Abgrund, auf der anderen Seite des Tals fällt ebenfalls eine Felswand steil ab. Schade, dass es kaum eine Möglichkeit zum Anhalten gibt! Die letzten Kilometer hinab ins Tal vergehen schnell, in Bürglen unweit von Altdorf trifft unsere Tour dann auf Tour 18, die vom Vierwaldstätter See hinauf nach Andermatt und weiter über Disentis nach Biasca führt.

Günstige Übernachtung
Hotel Jakob
Hauptplatz 11
Rapperswil
Tel. 0 55 / 2 20 00 50

Hotel Passhöhe
Ibergeregg
Tel. 0 41 / 8 11 20 49

Zunfthaus Bären
Hauptstraße 76
Einsiedeln
Tel. 0 55 / 4 18 72 72

Hotel Klausenpasshöhe
Tel. 0 41 / 8 79 11 64

Auskunft
Tourist Information
Fischmarktplatz 1
Postfach 1006
CH-8640 Rapperswil
Tel. 0 55 / 2 20 57 57
Fax 0 55 / 2 20 57 50

Zentralschweiz-Tourismus
Postfach
CH-6002 Luzern
Tel. 0 41 / 3 18 41 41
Fax 0 41 / 3 18 41 40

Verkehrsbüro beim Rathausplatz
CH-6460 Altdorf
Tel. 0 41 / 8 72 04 50
Fax 0 41 / 8 72 04 51

4 Ostschweizer Idylle und Graubündner Pass-Straßen – Von St. Margrethen nach St. Moritz

Ausgangsort
St. Margrethen

Zielort
St. Moritz

Gesamttourenlänge
260 km

Zeitbedarf
1 Tag

Anschlüsse
In Urnäsch an Tour 2 Richtung Rapperswil, in Davos an Tour 5 Richtung Zernez und Ofenpass, vor Tiefencastel an Tour 6 nach Chur, in St. Moritz an Tour 6 nach Chur und Tour 8 nach Bellinzona

Pässe geschlossen
Albulapass XI – V

Kurzbeschreibung
Die Einsteigertour vom Bodensee aus beginnt mit kleinen Straßen durch die Ostschweiz, streift dann das Fürstentum Liechtenstein, um im Prättigau in die Alpen vorzustoßen, zunächst bis Davos auf gut und schnell ausgebauten Straßen. In Richtung Tiefencastel wird es einsamer, doch den fahrerischen Höhepunkt bildet die enge Albulastraße. Wildromantisch schraubt sie sich zum Albulapass auf 2315 Meter hinauf. Insgesamt wird auf dieser Tour ein Unterschied von 1900 Höhenmetern überwunden.

Der Grenzort St. Margrethen ist von Lindau über Bregenz leicht zu erreichen. Sollte es hier einen Stau am Zoll geben, kann man auch auf den Übergang von Lustenau nach Au ausweichen, denn es geht erst in Au aus dem Rheintal hinauf in die Berge der Ostschweiz. Der Toureinstieg ist nichts für eilige Menschen; auf kleinen Straßen cruisen – so lautet hier die Devise. Wer schnell vorankommen möchte, sollte lieber gleich die Schweizer Autobahn bis Liechtenstein benutzen. Unsere Tour hingegen klettert erst einmal dreihundert Höhenmeter durch Wiesen mit Apfelbäumen und vorbei an schmucken Höfen in die Mittelgebirgslandschaft von Appenzell. Über Heiden und das freundlich-verschlafene Trogen, wo wir Tour 2 kreuzen, geht es zur Kantonshauptstadt Appenzell, dem touristischen Zentrum. Kurven- und abwechslungsreich sind die Straßen, auch wenn man nicht sonderlich flott vorankommt.

Von St. Margrethen geht es auf Nebenstraßen schnell in die Höhen des Appenzeller Landes.

Von Appenzell aus benutzen wir eine untergeordnete Straße, die einige schöne Ausblicke bietet. Das Stück bis Waldststatt ist schnell erreicht, wo wir Tour 2 erneut kreuzen. Wer also keine Lust auf Appenzell hat, kann auch von Trogen bis Waldstatt der anderen Tour folgen. Statt auf die Hauptstraße in Richtung Lichtensteig und Wattwil zu gehen, biegen wir in Waldstatt an der Gabelung halb links ab, um über Urnäsch zur Schwägalp zu gelangen. Die erste Passhöhe dieser Tour liegt bei 1278 Metern. Wer den kurzen Abstecher zur Alm macht, trifft dort auf die Schwebebahn, die auf den Säntis führt. Bei schönem Wetter hat man von der Bergstation, die auf 2476 Metern liegt, einen wunderbaren Rundblick über das gesamte Appenzeller Land, den Bodensee, bis weit hinein nach Österreich und zu den Glarner Alpen. Der Ausflug kostet allerdings so viel Zeit, dass man für die Tour einem Zusatztag benötigt.

Die elf Kilometer nach Neu St. Johann hinab laufen ebenso schnell wie die Passage bis Haag am Rhein. Wir bleiben geradeaus auf der Straße, unterqueren die Autobahn und überqueren den Rhein. Damit befinden wir uns in Liechtenstein. Die Ortsdurchfahrt durch Vaduz ist hässlich, aber da muss man halt durch. Schön wird es wieder bei Balzers, wo die Hauptstraße das Rheintal verlässt und an Höhe gewinnt. Bei Balzers darf man sich über eine ungewöhnliche Straßenführung amüsieren: Es geht mitten durch eine Kaserne. Enge Tore lassen nur einspuriges Befahren zu. Ähnlich eng, aber weitaus schöner ist die Ortsdurchfahrt von Maienfeld mit den Schlössern Brandis und Salenegg.

Von Landquart geht es nun hinein in die Berge, die rechts und links der breit ausgebauten Straße hinauf nach Klosters immer näher kommen. Hier schafft man was weg, aber richtig aufregend ist dieser

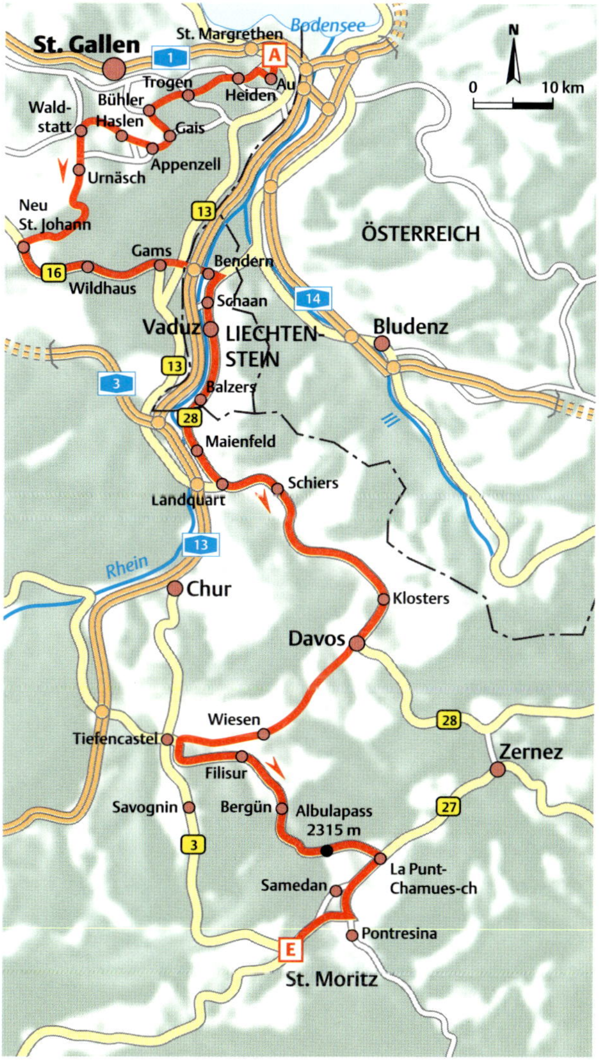

Motorradtouren in der Schweiz
Region: Ostschweiz, Graubünden
Etappe: St. Margrethen – St. Moritz
Karten: Generalkarte der Schweiz, 1:300 000, Bundesamt für Landestopographie

Nr/km	Road	Position	Richtung	Information
1	13	St. Margrethen	Altstätten	
2 3	13	Au	↱ Berneck	Vom Zubringer von österreichischer 203 : Berneck
3 2		Berneck	↑ Oberegg, Heiden	
4 5		Reute	↑ Oberegg, Heiden	
5 1,5		Schachen	↶ Oberegg, Heiden	
6 1		Oberegg	↱ Heiden	
7 3		Heiden	↰ Trogen	
8 3		Abzweig Rehetobel	↑ Trogen	
9 7		Trogen	↰ Gais, Appenzell	Unübersichtliche Kreuzung! ! Häuser am Markt
10 6		Bühler	↰ Gais, Appenzell	
11 2,5		Gais	Kreisel Appenzell	
12 4		Appenzell	↱ Herisau	
13 0,8		Appenzell	↑ Herisau	
14 0,5		Appenzell	↱ Teufen, Haslen	
15 5		Haslen	↰ Hundwil	Schild spät zu sehen !
16 1		freie Strecke	↰ Hundwil	
17 1		Abzweig Appenzell	↱ Hundwil	

Streckenabschnitt nicht. Klosters erhält eine Umgehungsstraße, eines der größten Straßenbauvorhaben der Schweiz. Die Tunnel und eine imposante Brücke brauchen ihre Zeit, die Dauerbaustelle wird noch einige Jahre die Landschaft verschandeln. Solange hier nichts fertig ist, müssen wir durch den Wintersportort Klosters hindurch. Der Prättigau, so heißt das Tal hier, hat trotz der Nähe zu hochalpinen Landschaften noch eine Lieblichkeit bewahrt, die Klosters sommers wie winters Besucher beschert, und entsprechend hoch sind die Preise. Das zehn Kilometer entfernte Davos, dessen noble Kurgäste schon Thomas Mann in seinem Roman „Der Zauberberg" beschrieb, ist da nicht viel besser – noblesse oblige. Am Ortseingang zu dem traditionsreichen Luftkurort zweigt links die Tour 5 über den Flüelapass nach Zernez ins Engadin ab.

Wir arbeiten uns geradeaus durch Davos in die Rätische Schweiz vor. Es geht wieder leicht bergab, schließlich liegt Davos schon auf rund 1500 Meter Höhe. Vierzig Kilometer zieht sich die Straße in Richtung Tiefencastel durch das Tal, nur unterbrochen von einem längeren Tunnel. Er ist nicht unangenehm, da hier kaum jemand fährt. Bevor wir Tiefencastel erreichen, zweigt links die Albulastraße zum gleichnamigen Pass ab. Wer weiter in Richtung Chur will, muss nur noch vier Kilometer geradeaus bis Tiefencastel fahren, wo Anschluss an Tour 6 besteht.

Auf uns wartet jedoch einer der schönsten Pässe: Der Albulapass ist eng, hoch, kurvenreich und an eini-

Der wildromantische Albulapass schraubt sich in vielen engen Kehren bis auf 2315 Meter hinauf.

4 Von St. Margrethen nach St. Moritz

Nr/km	Road	Position	Richtung	Information
18 6		Waldstatt	Urnäsch	Hotel Löwen, Poststr. 3, Herisau (4 km Richtung Herisau) Tel. 0 71 / 3 51 17 55
19 0,6		Waldstatt Kreuzung 8	V Urnäsch	Anschluss Tour 2 Richtung Rapperswil V
20 6		Urnäsch	V Schwägalp	Anschluss Tour 2 Richtung Appenzell V
21 0,5		Urnäsch	Schwägalp	
22 10		Abzweig Schwägalp Passhöhe 1278 m	Neu St. Johann	
23 11		Neu St. Johann	16 Buchs	
24 16	16	Wildhaus	Buchs	
25 9	16	Gams	Feldkirch/ Autobahn V	Buchs, Liechtenstein V
26 4		Haag, Kreuzung 13	Feldkirch	
27 0,5		Kreuzung Autobahn	Feldkirch	
28 1		Bendern	Vaduz	
29 0,1		Bendern	Vaduz	
30 5		Schaan	28 Vaduz	Versetzt !
31 4	28	Vaduz, Abzweig Autobahn	Chur	
32 0,5	28	Vaduz, Abzweig Malbun	Chur	
33 7	28	Balzers	Maienfeld	Enge Tordurchfahrten !
34 9	28	Maienfeld	Chur	Schloß
35 4,5	28	Landquart	Chur, Davos	

gen Stellen mit einer abenteuerlichen Straßenführung gesegnet. Mit Filisur und Bergün liegen zwei urige Graubündner Dörfer auf dem Weg. Im Gegensatz zu Davos, das leicht abgehoben wirkt, macht hier alles einen sehr handfesten Eindruck, die Häuser wie die Menschen – und das Essen. Und was den Fahrstil der Einheimischen angeht, hatte ich häufiger das Gefühl, die kulturelle und räumliche Nähe Graubündens zu Italien zu bemerken. Soll heißen: Hier sind einige Heizer unterwegs, es geht nicht so gemächlich und gesittet zu wie in der Zentralschweiz oder im Berner Oberland. Die Pass-Straße wird hinter Bergün immer schmaler, der Straßenzustand ist alles andere als eben, immer wieder kreuzt die Bahn

die Strecke auf abenteuerlich in den Berg gebauten Viadukten, bis sie im fast sechs Kilometer langen Albulatunnel verschwindet. Wir müssen hingegen über die Baumgrenze hinauf in die Mondlandschaft aus Geröll und Flechten. Im letzten Abendlicht wirken die Berge geradezu gespenstisch, man freut sich über das Licht in der kleinen Klause an der Passhöhe. Die Abfahrt nach La Punt-Chamues-ch ist deutlich kürzer und weniger kurvenreich als der Aufstieg, denn der Nobel-Wintersportort St. Moritz liegt in einem Hochtal auf rund 1800 Meter Höhe.

Nr/km	Road	Position	Richtung	Information
36 / 0,3	28	Landquart	Davos, Klosters	
37 / 40	28	Davos, Abzweig Flüelapass	Tiefencastel, Albula	Anschluss Tour 5
38 / 3		Davos, 2. Abzweig Flüelapass	Tiefencastel	Hotel Ochsen, Talstraße 10, Davos-Platz, Tel. 0 81 / 4 13 52 22
39 / 26		Abzweig Lenzerheide	Tiefencastel, Albula	
40 / 1,3		Abzweig Tiefencastel	Albulapass, Filisur, Bergün	Anschluss zu Tour 6 in Tiefencastel Hotel Schöntal, Filisur, Tel. 0 81 / 4 04 11 82
41 / 27		Albulapass 2315 m		
42 / 9		La Punt-Chamues-ch	27 St. Moritz	Zernez, Anschluss an Tour 5
43 / 7	27	Abzweig Samedan	St. Moritz	
44 / 2	27	Abzweig Bernina, Pontresina	St. Moritz	
45 / 4	27	St. Moritz		Anschluss Tour 6 nach Chur, Anschluss Tour 8 nach Bellinzona Hotel Languard, Via Veglia 14, St. Moritz, Tel. 0 81 / 83 33 31 37

Wenn die Wolken tief in den Tälern hängen, wird es kühl auf der Passhöhe.

Günstige Übernachtung
Hotel Löwen
Poststraße 3
Herisau
Tel. 0 71/3 51 17 55

Hotel Ochsen
Talstraße 10
Davos-Platz
Tel. 0 81/4 13 52 22

Hotel Schöntal
Filisur
Tel. 0 81/4 04 11 82

Hotel Languard
Via Veglia 14
St. Moritz
Tel. 0 81/83 33 31 37

Auskunft
Tourismusverband
Ostschweiz
Bahnhofsplatz 1a
Postfach
CH-9001 St. Gallen
Tel. 0 71/2 27 37 37
Fax 0 71/2 27 37 47

Verkehrsverein
Graubünden
Alexanderstraße 24
Postfach 660
CH-7001 Chur
Tel. 0 81/2 54 24 24
Fax 0 81/2 54 24 00

Kur- und Verkehrsverein
Via Maistra 12
CH-7500 St. Moritz
Tel. 0 81/8 37 33 33
Fax 0 81/8 37 33 66

5 Hochalpine Herausforderungen – Von Davos über den Umbrail nach St. Moritz

Ausgangsort
Davos

Zielort
St. Moritz

Gesamttourenlänge
180 km

Zeitbedarf
1 Tag

Anschlüsse
In Zernez an Tour 6 nach St. Moritz; in St. Moritz an Tour 6 nach Chur und Tour 8 nach Bellinzona

Pässe geschlossen
Flüelapass XI-V nachts, Umbrail XI – V, Stilfser Joch XI – VI, Forcola di Livigno XI – V, Bernina-Pass XI – V

Kurzbeschreibung
Diese Tour bietet alles, was eine Alpentour nur bieten kann: sieben Pässe über 2000 Meter, Schotter, Asphalt, endlose Kehren und eine hochalpine Landschaft von überwältigender Schönheit. Leider ist die Tour durch die Öffnungszeiten der Pässe jahreszeitlich sehr begrenzt zu fahren. Ab Oktober können einzelne Pässe schon geschlossen sein, und wenn es ein harter Winter war, bleiben sie bis weit in den Mai hinein zu. Fahrerisch ist die Tour anspruchsvoll, Anfänger sollten sich nur bei schönem Wetter und mit genügend Zeit daran wagen.

Davos als Ausgangspunkt verschwindet schnell hinter der ersten Biegung des Tales. Angenehm breite Kehren führen zu dem ersten Pass der Tour hinauf, dem Flüelapass. Sauber asphaltiert, lassen sich die Kurven gut nehmen. Der Flüela ist der ideale Pass zum Warmfahren, der zudem einige schöne Aussichtspunkte bietet. Gesäumt von den Rätischen Alpen führt die Straße zwischen Zwei- und Dreitausendern hindurch. Im Spätsommer können die Gipfel schon wieder Schneehäubchen tragen. Das Schwarzhorn rechter Hand, das Weißhorn links, geht es zur Passhöhe hinauf, die oberhalb der Baumgrenze bei 2383 Metern liegt. Auf der Abfahrt kann man schon von weitem in das Unterengadin hineinschauen, drohend überragt von den Bergen der Sesvennagruppe, die Italien von der Schweiz trennt. Auch die Ostseite fährt sich gut, die Kehren sind alle moderat ausgebaut, man merkt dem Pass an, dass er auch im Winter für den Durchgangsverkehr genutzt wird.

Der Flüelapass ist relativ breit ausgebaut und bietet auf der Abfahrt ins Engadin etliche schöne Ausblicke.

Am Umbrail muss man sich entscheiden, ob noch Zeit für einen Abstecher hinauf zum Stilfser Joch bleibt.

In Susch wird endgültig der rätoromanische Teil der Schweiz erreicht. In geschriebener Form versteht man das meiste dieser besonderen Sprache, sofern man ein paar Brokken Italienisch kann, sich an den Französisch-Unterricht in der Schule erinnert und etwas Phantasie aufbringt, ohne größere Probleme. „Arevair" steht am Ortsausgang, na klar, „au revoir" heißt „auf Wiedersehen". Da Rätoromanisch selbst in der Schweiz nicht von allen verstanden wird, sind die Einheimischen alle mehrsprachig, Deutsch und Italienisch gehören hier zum Alltag. Im sieben Kilometer entfernten Zernez liegt mit dem Hotel Bär-Post ein wirklich empfehlenswerter Gasthof. Ins Herz geschlossen habe ich die schönen Zimmer besonders, als ich hier nach einer Etappe von 550 Kilometern in strömendem Regen völlig durchnässt ankam. Da schmeckt der Hirschpfeffer doch gleich noch einmal so gut! Von Zernez mit seinem spitzen Kirchturm geht es hinauf zum Nationalpark, Pardon, dem Parc Naziunal Svizzer. Hier werden vom Verkehrsbüro in Zernez im Sommer geführte Wanderungen angeboten. Nach zwölf Kilometern kommt rechts ein Abzweig nach Livigno, der aber durch einen einspurigen, per Ampel geregelten Tunnel von vier Kilometer Länge führt. Für den Hinweg macht diese nur tagsüber geöffnete Strecke wenig Sinn, wer jedoch auf dem Rückweg von Livigno aus schneller zurück nach Zernez kommen möchte, kann sich ja den Tunnel antun.

Der ganzjährig geöffnete Ofenpass lässt sich gut fahren, er ist ein wenig schmaler als der Flüela, hat aber trotz der 600 Meter Höhenunterschied zur Talstation nur wenige Kehren. Auf besagter Regentour ergossen sich kleine Lehmbäche über die Straße, Steinschlag und Geröllbrocken machten die Strecke zum Hindernisparcours. Bei Sonnenschein und trockener Straße ist der Ofenpass (2147 m) aber harmlos. Und das Münstertal präsentiert sich geradezu lieblich mit seinen weiten, grünen Wiesen und den engen Gassen, die durch Sta. Maria führen. Wer etwas Zeit mitgebracht hat und Freude an schönen Ortschaften hat,

5 Von Davos über den Umbrail nach St. Moritz

Motorradtouren in der Schweiz
Region: Graubünden
Etappe: Davos – Umbrail – St. Moritz
Karten: Generalkarte der Schweiz, 1:300 000, Bundesamt für Landestopographie

Nr/km	Road	Position	Richtung	Information
1		Davos	Flüelatal 28	
2 14	28	Passhöhe Flüelapass 2383 m		
3 13	28	Susch	Zernez	
4 7	28	Zernez	Ofenpass, Sta. Maria	Anschluss Tour 6 nach St. Moritz Hotel Bär-Post, Zernez, Tel. 0 81 / 8 51 55 00
5 12	28	Abzweig Livigno	Ofenpass	Abzweig Livigno, Tunnel einspurig mit Ampel, nur 8 – 22 Uhr
6 10	28	Passhöhe Ofenpass 2147 m		
7 14	28	Sta. Maria	Umbrail	Abzweig innerorts spät zu sehen; Müstair, Glurns Hotel Stelvio, Sta. Maria, Tel. 0 81 / 8 58 53 58
8 14		Passhöhe Umbrail 2501 m	Bórmio	Zoll am Umbrail 22 – 6 Uhr geschlossen Stilfser Joch
9 17		Molina Bagni	Livigno	
10 23		Passhöhe Passo di Foscagno 2291 m		
11 10		Passhöhe Passo d'Eira 2209 m		
12 2		Livigno	Svizzera, Passo Forcola	
13 1,5		Livigno	Passo Forcola	Nicht ausgeschildert
14 12		Passhöhe Passo Forcola 2315 m		
15 4		Zollstation	29 St. Moritz	
16 4	29	Passhöhe Berninapass 2330 m		Vorsicht, gefährlicher Bahnübergang in der Abfahrt!
17 15	29	Abzweig Pontresina	St. Moritz	
18 3	29	Kreuzung 27	27 St. Moritz	
19 4	27	St. Moritz		Anschluss Tour 6 nach Chur Anschluss Tour 8 nach Bellinzona Hotel Languard, Via Veglia 14, St. Moritz, Tel. 0 81 / 83 33 31 37

sollte einen kleinen Abstecher Richtung Taufers machen. Bis zur italienischen Grenze sind es fünf Kilometer, bis nach Glurns mit seiner Stadtmauer und den historischen Häusern sind es nur 15 Kilometer.

Unsere Strecke biegt aber in Sta. Maria rechts ab – das Schild ist ein wenig spät zu sehen. Die Straße den Umbrail hinauf ist von Anfang an schmal, als Querverbindung nach Italien hat sie allenfalls regionale Bedeutung. Entsprechend mäßig ist der Straßenzustand. Die Kehren mehren sich, die Straße gewinnt schnell an Höhe, es folgt – Schockschwerenot! – eine etwa vier Kilometer lange Schotterpassage. Wider Erwarten lässt sie sich bei vorsichtiger Fahrweise auch mit einem großen Tourer problemlos fahren, jedenfalls bei Trockenheit. Jenseits der Baumgrenze ist die Fahrbahn wieder asphaltiert, das unwiderstehliche Bergpanorama

Sieben Pässe, die alle über 2000 Meter liegen, werden auf Tour 5 im Grenzgebiet zwischen der Schweiz und Italien passiert.

erstickt ohnehin jede Frage nach dem Straßenzustand. Auf die Passhöhe von 2501 Metern folgt unmittelbar der italienische Zoll. Wer jetzt richtig warm gefahren ist, biegt nach links ab zu einem kurzen Abstecher auf das Stilfser Joch: Die Passhöhe (2758 m) liegt in Sichtweite. An Wochenenden sind hier Hunderte von Motorrädern unterwegs. Das kann man sich natürlich nicht entgehen lassen, auch wenn unsere Strecke eigentlich nach rechts das Stilfser Joch hinab nach Bórmio führt. 39 Kehren sind es von der Passhöhe bis ins Tal, teilweise eng und längst nicht so ruhig zu fahren wie der Umbrail, den die Mehrzahl der Biker auslässt. Auf dem Stilfser Joch hingegen mischen sich vier- wie zweirädrige Ausflügler mit den Einheimischen, deren Fahrstil nicht als gepflegt oder zurückhaltend beschrieben werden kann. Den Unterschied zwischen schweizerischem und italienischem Fahrstil merkt man vor allem nach dem Abzweig in Richtung Valdidentro.

Die beiden folgenden Pässe auf dem Weg nach Livigno sind mir nicht sonderlich im Gedächtnis haften geblieben, zu stark waren die Eindrücke vorher. Man bewegt sich halt in einem Hochtal, muss noch zweimal kurz über 2000 Meter hinauf, aber ohne dass sich die Landschaft dabei spektakulär verändert. Der Passo di Foscagno liegt auf 2291 Metern, den Passo d'Eira kurz vor Livigno mit seinen immerhin 2209 Metern habe ich beim Fahren gar nicht als neuen Pass erkannt. Auf dem Weg wird eine italienische Zollstation passiert, weil Livigno in einer Freihandelszone liegt. An den Hängen ist gut zu erkennen, wovon Livigno lebt: Es ist der Wintersport. Und drunten im Ort sind es die Supermärkte, wo man zollfrei einkaufen kann. Wenn man auf der anderen Seite das Tal über den Passo Forcola wieder verlässt, gilt die

Das Stilfser Joch bietet auch in der Abfahrt nach Bórmio zahlreiche Kehren der Spitzenklasse.

HOTEL PARC NAZIUNAL · IL FUORN

erste Frage des Schweizer Zolls den eingekauften Waren. Erst dann darf man rechts auf den Bernina-Pass abbiegen.
Der Bernina ist wieder breit ausgebaut, ein erholsamer Kontrast nach den letzten, schmalen Straßenstücken. Linker Hand eröffnet sich der Blick auf Piz Palü (3905 Meter), Piz Bernina (4099 Meter) und den Gletscher, der vom Piz Morteratsch hinunterragt. Parallel zur Straße verkehrt die Schmalspurbahn, die zweimal unseren Weg kreuzt. Der erste Bahnübergang hinter der Passhöhe ist harmlos, der zweite eine gefährliche Sprungschanze mit folgender Kurve, ganz übel! Die lange Gerade und die harmlos aussehende Kurve verleiten einen leicht, zu schnell auf den Bahnübergang zu fahren – die Bahn wünscht guten Flug... Sollte jemand die Tour in entgegengesetzter Richtung fahren, wird es noch gemeiner. Bei geschlossenem Bahnübergang müssen erst mal etwa zehn Autos davor stehen, damit das Stauende direkt hinter einer schlecht einsehbaren Spitzkehre liegt. Wer da zu schnell ist, hat schlechte Karten. Ansonsten ist jetzt aber leichtes Auslaufen angesagt, die Strecke trudelt gemütlich den Berg hinab an Pontresina vorbei nach St. Moritz. Am letzten Kreisverkehr kann man nach rechts zurückkehren nach Zernez, das ein guter Ausgangspunkt auch für Rundtouren ist; nach links schließen in St. Moritz die Touren 6 und 8 in Richtung Chur oder Bellinzona an.

Im Nationalpark am Ofenpass werden geführte Wanderungen angeboten.

Ein guter Ausgangspunkt für Routen im Engadin: Das Hotel Bär-Post in Zernez.

Günstige Übernachtung
Hotel Ochsen
Talstraße 10
Davos-Platz
Tel. 081/4135222

Hotel Bär-Post
Zernez
Tel. 081/8515500

Hotel Stelvio
Sta. Maria
Tel. 081/8585358

Hotel Languard
Via Veglia 14
St. Moritz
Tel. 081/83333137

Auskunft
Verkehrsverein
Graubünden
Alexanderstraße 24
Postfach 660
CH-7001 Chur
Tel. 081/2542424
Fax 081/2542400

Verkehrsverein Zernez
Chasa Fuschina
CH-7530 Zernez
Tel. 081/8561300
Fax 081/8561155

Kur- und Verkehrsverein
Via Maistra 12
CH-7500 St. Moritz
Tel. 081/8373333
Fax 081/8373366

6 Der Zubringer aus Österreich – Von Pfunds nach Chur

Ausgangsort
Pfunds

Zielort
Chur

Gesamttourenlänge
175 km

Zeitbedarf
1 Tag

Anschlüsse
In Zernez an Tour 5 über den Umbrail nach St. Moritz, in St. Moritz an Tour 8 nach Bellinzona, in Tiefencastel Anschluss an Tour 4 zum Albulapass, in Chur Anschluss an Tour 7 nach Brig

Sehenswertes
Chur: Bischöflicher Hof, Kathedrale, Altstadt

Kurzbeschreibung
Über das Unterengadin führt die Tour zunächst überwiegend im Tal nach St. Moritz. Der folgende Julierpass ist bequem ausgebaut, weiter unten im Tal nach Tiefencastel wird es enger und kurviger. Auch die letzte Passage zwischen Tiefencastel, Lenzerheide und Chur ist kurvenreich. Die Tour ist ideal als Zubringer von Österreich bis ins Oberengadin. Dort lohnt eine Fahrtunterbrechung, um diese Route mit Tour 4 und Tour 5 zu Tagesrundtouren zu kombinieren. Als Ausgangspunkte können Zernez oder St. Moritz dienen.

Ob Sie von München oder von Würzburg kommen, Landeck in Tirol ist über den Fernpass verkehrsgünstig zu erreichen. Jeder zweite Gasthof an der Strecke von Landeck zum Reschenpass schreibt „Biker willkommen“ an die Tür. Von dieser Motorrad-„Rennstrecke“ führt unsere Tour den Inn hinauf in das Unterengadin. Doch statt hinter Pfunds den ersten Abzweig zur Schweizer Grenze zu nehmen, fahren wir zunächst geradeaus weiter nach Nauders, um erst dort rechts abzubiegen nach Martina, wo sich das Zollamt befindet. Der Grund für den Schlenker ist einfach: Hier wartet die erste, wenn auch kleine Pass-Straße auf uns. Von Nauders geht es hinauf zur Norberthöhe. Hinter dem Gasthof führt die acht Kilometer kurze Verbindungsstraße in weit geschwungenen Serpentinen hinab ins Inntal. Immer wieder ergeben sich schöne Ausblicke.

Das war fürs Erste aber auch alles an Bergquerungen; nach dem Passieren der Zollstation verläuft die Straße im Tal. Der Ausbauzustand wechselt, meist kommt man sehr gut voran. Pittoresk schmiegen sich die Dörfer des Unterengadins an die Hänge. Markant sind die schlanken, hohen Kirchtürme, die an Minaret-

Im mittleren Teil bietet der ansonsten gut ausgebaute Julierpass einige interessante Streckenabschnitte.

Spektakulär in den Hang gebaut: Die Straße von Pfunds nach Nauders in Tirol lohnt den Umweg, bevor es über die Norberthöhe in die Schweiz geht.

te erinnern. Und die reich verzierten Bauernhöfe mit ihren dicken Mauern zeugen vom Jahrhunderte währenden Wohlstand der Region. Sehenswert sind beispielweise Ftan, Ardez und Guarda. Der Kurort Scuol (Schuls) lockt nicht nur mit Historie, sondern auch einem der besten Freizeitbäder der Schweiz. Badelandschaft, Grotten, Saunen und medizinische Behandlungen stehen dem gesundheitsbewussten Gast zur Verfügung.

In Susch stößt die von Davos kommende Flüelastraße auf unsere Rou-

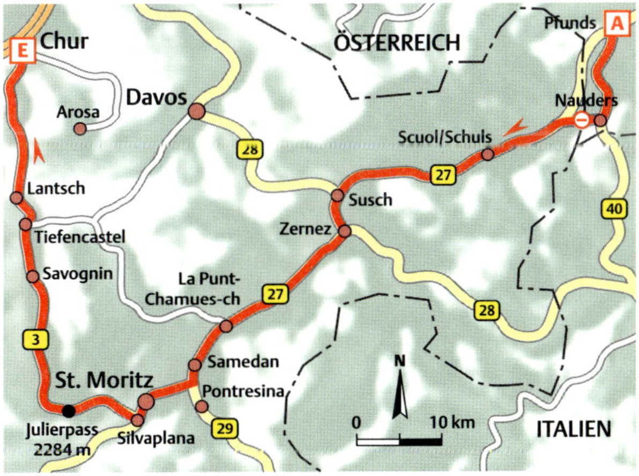

Motorradtouren in der Schweiz

Region: Unterengadin, Graubünden
Etappe: Reschenpass – Chur
Karten: Generalkarte der Schweiz, 1:300 000, Bundesamt für Landestopographie

Nr/km	Road	Position	Richtung	Information
1	315	Pfunds	Reschenpass	
2 / 3	315	Abzweig Schweiz, St. Moritz	Nauders	
3 / 10	315	Nauders	185 Schweiz	
4 / 8	185	Martina, Zollstation	27 St. Moritz, Zernez	
5 / 40	27	Susch	St. Moritz, Zernez	Anschluss von Tour 5
6 / 6	27	Zernez	V St. Moritz	Anschluss an Tour 5 Hotel Bär-Post, Zernez, Tel. 0 81 / 8 51 55 00 V
7 / 21	27	La Punt-Chamues-ch	St. Moritz	Anschluss von Tour 4
8 / 7	27	Abzweig Samedan	St. Moritz	
9 / 2	27	Abzweig Pontresina	St. Moritz	Anschluss von Tour 5 Hotel Languard, Via Veglia 14, St. Moritz, Tel. 0 81 / 83 33 31 37
10 / 8	27	Silvaplana	V 3 Julierpass, Chur	Anschluss an Tour 8 V
11 / 7	3	Passhöhe Julierpass 2284 m		
12 / 36	3	Tiefencastel	Chur V	Anschluss Tour 4 zum Albulapass Hotel Albula, Tiefencastel, Tel. 0 81 / 6 81 11 21 Posthotel Julier, Tiefencastel, Tel. 0 81 / 6 81 14 15 V
13 / 0,2	3	Tiefencastel	Lenzerheide	
14 / 5	3	Lantsch	Chur, Lenzerheide V	Anschluss Richtung Tour 4 zum Albulapass V
15 / 22	3	Chur	V Chur, Zentrum	Anschluss an Tour 7 V
16 / 0,6	3	Chur	Arosa	Hotel Chur, Welschdörfli 2, Chur, Tel. 0 81 / 2 52 21 61 Bischöflicher Hof, Kathedrale, Altstadt
17 / 0,1	3	Chur		Arosa A

te, bis Zernez verlaufen beide Touren parallel. Dort trennen sich die Wege, beim Hotel Bär-Post zweigt Tour 5 nach links zum Ofenpass ab, während unsere Tour halb rechts auf direktem Weg nach St. Moritz führt. Nach ein paar schnellen Kurven folgt eine super ausgebaute Gerade, die zum Rasen verleitet. Bei Madulain folgt eine rechtwinklige Rechtskurve zur Brücke über den Inn. Die Tour 4, die über den Albulapass führt, stößt in einer unübersichtlichen Einmündung in La Punt-Chamues-ch auf unsere Tour, um das letzte Stück bis St. Moritz parallel zu verlaufen.

Hier, im Oberengadin, sollte man sich ein wenig Zeit nehmen und irgendwo zwischen Zernez und St. Moritz Quartier beziehen. Zum einen lockt die große Pässetour von Zernez aus über den Ofenpass, Umbrail und Bernina. Zum anderen lässt sich Tour 6 gut mit Tour 4 kombinieren, beispielsweise über den Julierpass bis Tiefencastel – dort rechts abbiegen und über den Albula zurück ins Engadin. Es gibt hier zahlreiche Varianten für Rundtouren, die alle an einem Tag gut zu bewältigen sind. Wichtig ist nur, dass man rechtzeitig tankt, denn die Entfernungen zwischen den Tankstellen können bei Motorrädern mit kleinem Tank durchaus zu Problemen führen, gerade am Wochenende, wenn viele Tankstellen nur die Automaten laufen lassen.

Die Fortsetzung der Tour führt von St. Moritz nach Silvaplana, wo linker Hand der See Lej da Silvaplauna liegt, wie es auf Rätoromanisch heißt. Hier tummeln sich zahlreiche Surfer am Fuße der Berge, während

Am Kreisverkehr in Silvaplana trennen sich die Wege von Tour 6, die über den Julier nach Chur führt, und Tour 8, bei der es über den Maloja zum Splügenpass und weiter nach Bellinzona geht.

wir rechts durch den Ort hindurch den Julierpass erklimmen. Es sind nur wenige Kehren bis zur Passhöhe, die auf 2284 Metern liegt. Vom Parkplatz hat man einen schönen Blick auf die Bernina-Gruppe, bevor es in zahlreichen Kurven hinab ins Tal geht.

Der Julierpass ist verhältnismäßig gut ausgebaut, er wird ganzjährig befahrbar gehalten und soll eben auch im Winter Lastwagen verkraften – überhaupt kein Vergleich zum benachbarten Albula, der schmal, dramatisch und holperig ist! Auf dem Julierpass werden sich vor allem schnelle Maschinen wohl fühlen. Nur weiter unten im Tal, etwa auf Höhe der Talsperre, gibt es auch ein paar nicht einsehbare Kurven.

Die Passhöhe des Julierpasses ist trotz ihrer 2284 Meter nicht sonderlich spektakulär zu erfahren, weil die Pass-Straße winterfest und genügend breit ausgebaut wurde.

Tiefencastel ist ein Knotenpunkt: Nach Westen zweigt die schnell ausgebaute Straße nach Thusis ab, nach Osten erstreckt sich das Tal in Richtung Davos und Albula, während es nach Norden in Richtung Lenzerheide und Chur weitergeht. Tiefencastel erhielt seinen Namen nach einem römischen Kastell, das hier einst stand. Zur Straße nach Chur muss man – im Gegensatz zu dem, was die meisten Karten suggerieren – nicht geradeaus fahren, sondern rechts abbiegen. Ausgeschildert ist hier nur Lenzerheide, während die Straßenverwaltung Reisende nach Chur offensichtlich geradeaus zur Autobahn über Thusis leiten möchte. Wir wollen aber auf der Anfang des 19. Jahrhunderts erbauten, kurvenreichen Strecke zum Wintersportort Lenzerheide fahren. Schaut man sich die Sommerpreise der Hotels an, so scheinen sie auch zur warmen Jahreszeit den vollen Preis verlangen zu können.

Das letzte Stück zur Kantonshauptstadt Chur ist noch einmal sehr schön. Hinter Churwalden kommt der massive Montalin (2266 Meter) ins Blickfeld, die Straße windet sich noch einmal mächtig, bevor die ersten Häuser von Chur erreicht werden. Seit dem Julierpass haben wir einen Abstieg von fast 1700 Höhenmeter hinter uns, in entsprechend vielen Kurven wurden die Reifen seitlich abgewetzt. Wer noch mehr Kurvenspaß sucht, kann von Chur aus einen Abstecher nach Arosa unternehmen: eine Strecke, die es noch mal in sich hat. Ansonsten besteht die Möglichkeit, hier mit Tour 7 nach Westen weiterzuziehen.

Murmeltiere in freier Wildbahn sieht man vom Motorrad aus selten, doch bei Silvaplana gibt es ein Gehege.

Günstige Übernachtung

Hotel Bär-Post
Zernez
Tel. 081/8515500

Hotel Languard
Via Veglia 14
St. Moritz
Tel. 081/83333137

Hotel Albula
Tiefencastel
Tel. 081/6811121

Posthotel Julier
Tiefencastel
Tel. 081/6811415

Hotel Chur
Welschdörfli 2
Chur
Tel. 081/2522161

Auskunft

Verkehrsverein Graubünden
Alexanderstraße 24
Postfach 660
CH-7001 Chur
Tel. 081/2542424
Fax 081/2542400

Verkehrsverein Zernez
Chasa Fuschina
CH-7530 Zernez
Tel. 081/8561300
Fax 081/8561155

Kur- und Verkehrsverein
Via Maistra 12
CH-7500 St. Moritz
Tel. 081/8373333
Fax 081/8373366

7 Quer durch die Schweiz – Von Chur nach Brig

Ausgangsort
Chur

Zielort
Brig

Gesamttourenlänge
180 km

Zeitbedarf
1 Tag

Anschlüsse
In Chur von Tour 6, in Bonaduz an Tour 20 nach Splügen, in Disentis an Tour 18 nach Biasca, in Andermatt an Tour 19 nach Spiez, am Abzweig Grimselpass an Tour 9 Richtung Luzern, in Brig an Tour 11 nach Montreux

Pässe geschlossen
Oberalppass XI – V, Furkapass X – V

Sehenswertes
Chur: Bischöflicher Hof, Kathedrale, Altstadt; Disentis: Kloster; Furkapass: Rhônegletscher

Kurzbeschreibung
Was auf der Karte wie eine langes, gerades Tal aussieht, ist eine abwechslungsreiche Strecke, die mitten in das Dorado aller Passliebhaber führt. Zwar wird auf dieser Tour nur der grandiose Furkapass überquert, doch erschließen sich durch Anschlusstouren alle umliegenden Pässe wie Nufenen, Grimsel, Susten und Gotthard.
Zu Beginn dieser Tour wurde zwischen Bonaduz und Ilanz eine weniger bekannte Nebenstraße gewählt, die höchste fahrerische Ansprüche stellt, weil sie einige extrem enge Kehren aufweist.

Chur, die Hauptstadt des Kantons Graubünden, ist über Autobahnen schnell zu erreichen. Wer schon abwechslungsreich anreisen möchte, wählt aus dem Nordosten die Tour 6 oder aus dem Nordwesten die Tour 4 bis Landquart, von wo aus es nur 15 Kilometer bis nach Chur sind. Wer nicht gerade die Kathedrale oder den bischöflichen Hof besichtigen möchte, sollte die Innenstadt umfahren.

Unsere Route beginnt an der Kreuzung der Straßen 3 und 13 im Westen der Stadt und verläuft zunächst bis Bonaduz parallel zur Autobahn. Zwischen dem Autobahnanschluss und dem Zentrum von Bonaduz verläuft die Tour parallel zur Tour 20, die jedoch in Bonaduz geradeaus über Thusis nach Splügen weiter führt, während wir nach rechts auf die Nebenstrecke Richtung Ilanz abbiegen.

Was folgt, ist der erste Höhepunkt dieser Tour, für den allerdings einiges an Erfahrung verlangt wird, wenn auch nur auf einem kurzen Stück. Nach einer längeren, leicht ansteigenden Geraden durch den Wald folgt unvermittelt eine einspurige Brücke über eine tiefe, enge Schlucht – wer nicht schwindelfrei ist, sollte konsequent geradeaus schauen. Es folgen einige Kehren der Extraklasse: sehr eng, innen überhöht, steil und schwer einzusehen. Je nach Motorrad benötigt man hier die volle Fahrbahnbreite, um

die Maschine um die Ecke zu bringen. Oben öffnet sich dann ebenso unvermutet ein grandioser Blick. Die kaum mehr als einspurige Straße wurde in einen Steilhang hineingehauen, kurze Natursteintunnel unterbrechen die Aussicht von weit oben auf das Vorderrheintal und die gegenüberliegenden Glarner Alpen bei Flims-Laax. Einige Kurven sind nicht einsehbar, was die Einheimischen offenbar nicht stört. Zum Glück passt man mit dem Motorrad meist noch zwischen Auto und Felswand hindurch.

In Ilanz angekommen – der letzte Teil der Strecke ist wieder gemäßigter –, hat man die Möglichkeit, auf die große Straße 19 zu gehen, um schneller voran zu kommen.

Unsere Tour bleibt nämlich noch ein wenig im Hang, wo es auf kleinen Nebenstraßen durch landwirtschaftliches Gebiet nach Obersaxen geht. Die Aussicht ist zwar nicht so spektakulär wie zuvor, aber hier lässt es sich gemütlich bummeln. In den zahlreichen kleinen Dörfern, die zusammen die Gemeinde Obersaxen bilden, sind die Kreuzungen nur mit den nächsten Dorfnamen beschildert – wenn überhaupt ein Wegweiser zu fin-

Die schmale Straße zwischen Bonaduz und Ilanz zählt zu den Highlights.

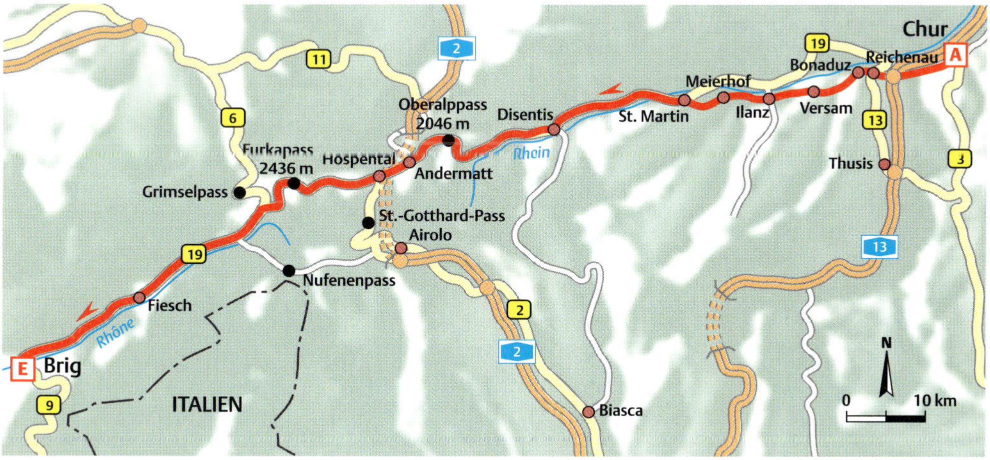

Motorradtouren in der Schweiz
Region: Graubünden, Wallis
Etappe: Chur – Brig
Karten: Generalkarte der Schweiz, 1:300 000, Bundesamt für Landestopographie

Nr/km	Road	Position	Richtung	Information
1	13	Chur, Kreuzung 3 13	Domat/Ems, Reichenau	Hotel Chur, Welschdörfli 2, Chur, Tel. 0 81 / 2 52 21 61 Bischöflicher Hof, Kathedrale, Altstadt
2 / 7	13	Abzweig zur Autobahn und 19 nach Disentis	Reichenau V	19 Flims/Disentis V Anschluss von Tour 20
3 / 1	13	Reichenau	Thusis	
4 / 0,5	13	Abzweig Autobahn	Thusis	
5 / 1,5	13	Bonaduz	V Ilanz	Anschluss an Tour 20 V Anspruchsvolle Strecke, sehr enge Kehren !
6 / 9		Versam	Ilanz	
7 / 13		Ilanz	Chur, Disentis	Hotel Casutt, Glennerstraße 20, Ilanz, Tel. 0 81 / 9 25 11 31
8 / 0,1		Ilanz	Obersaxen	
9 / 0,5		Ilanz	Obersaxen	
10 / 1		Abzweig Vrin	Obersaxen	
11 / 11		Hinter Obersaxen Meierhof	(unbeschildert)	
12 / 0,4		Hinter Obersaxen Meierhof	St. Martin	
13 / 1,2		Abzweig St. Martin	Ilanz, Disentis	
14 / 5,5		Einmündung 19	19 Disentis	
15 / 16	19	Disentis	V Oberalppass	Anschluss an Tour 18 nach Biasca Hotel Rhaetia, Disentis, Tel. 0 81 / 9 47 56 26 Kloster V
16 / 21	19	Oberalppass 2046 m		
17 / 11	19	Andermatt	Furka, Gotthard V	Anschluss von Tour 18 Anschluss an Tour 19 nach Spiez V

den ist. Viel verkehrt machen kann man aber nicht, wenn man sich hinter dem Ortsteil Meierhof halb rechts hält, statt halb links nach St. Martin abzubiegen. Unten im Tal verläuft die Straße 19 die ganze Zeit parallel, für das letzte Stück nach Disentis gibt es ohnehin keine Alternativen zu der an Wochenenden stark befahrenen Hauptstraße.

In Disentis fällt schon von weitem das große Kloster oberhalb der Stadt auf. Die Benediktinerabtei wurde bereits um 720 gegründet, die Gebäude, die man heute sieht, stammen aus dem 17. Jahrhundert. Wer sich dafür interessiert, sollte das Klostermuseum besuchen. In Disentis, das auf Rätoromanisch Mustér heißt, biegen wir in der Ortsmitte rechts zum Oberalppass nach Andermatt ab; geradeaus führt die Tour 18 über den Passo del Lucomagno, den Lukmanierpass, weiter nach Biasca.

Wer eine zusätzliche Runde Pässe fahren möchte, folgt hier Tour 18, biegt in Biasca nach rechts auf Tour 9 ab und muss sich dann in Airolo entscheiden. Links über Nufenenpass gelangt man nach Ulrichen; die Alternative in Airolo wäre, geradeaus der Tour 19 nach Andermatt folgen. In beiden Fällen stößt man wieder auf diese Tour, wobei der Nufenen zwar der attraktivere Pass ist, man dadurch jedoch den Furkapass verpassen würde. Wie man es auch dreht und wendet: Wer Pässe fahren will, muss sich irgendwo zwischen Disentis, Andermatt und Ulrichen ein Quartier suchen und ein paar Rundtouren drehen.

Auf der Straße von Disentis über Sedrun nach Andermatt wechselt

Der Vorderrhein begleitet die Tour bis kurz vor den Oberalppass.

der Belag öfter. Teils ist er gut ausgebaut – und dann folgen wieder schmale Abschnitte in Waschbrettqualität. Der Oberalppass, aus Richtung Chur kommend, ist kaum als solcher zu erkennen, da die Straße vom Hochtal aus nur unwesentlich ansteigt. Doch jenseits der Passhöhe (2046 Meter) lacht das Herz des Sportfahrers. Weite, schnelle Kurven und ein guter Straßenzustand laden zu zügigem Fahren ein. Hier muss man keine Bedenken haben, dass einem in voller Schräglage eine Bodenwelle den Spaß verdirbt. Drunten im Tal liegt mit Andermatt einer der wichtigsten Verkehrsknotenpunkte der Schweizer Alpen. Die Gotthardstraße kreuzt als Nord-Süd-Verbindung die Straße 19 als wichtige Ost-West-Verbindung. Und längst nicht jeder mag durch den 16 Kilometer langen St. Gotthard-Tunnel fahren, schon gar nicht als Motorradfahrer. Und so quälen sich im Sommer doch zahlreiche Autos durch das Tal, wobei Andermatt glücklicherweise eine Umgehung erhalten hat. Nur die Straße vom Oberalppass mündet noch direkt im Dorf. Den vielen Touristen zum Trotz hat Andermatt noch ein wenig seines ursprünglichen Charmes bewahrt.

Wir folgen ein kurzes Stück der Gotthard-Straße, um in Hospental rechts zum Furkapass abzubiegen. Prompt wird die Straße leerer, das Tal geradezu öde. Hinter Realp beginnt der eigentliche Anstieg; dass er so lang wirkt, mag am baulichen Zustand liegen. Der Furkapass scheint original aus den Pioniertagen des Straßenbaus zu stammen, alte Begrenzungssteine markieren den Rand, und über das Pflaster sind schon viele Räder gerollt. Vielleicht macht gerade das das besondere Flair dieser rustikalen Strecke aus. Das Panorama auf der Passhöhe, die immerhin bei 2436 Metern liegt, ist berauschend. Man sieht nicht nur das Große Furkahorn, sondern bis weit in das Tal hinein, wo sich die Grimselpass-Straße in der Ferne wie ein Würmchen durch die Berge schlängelt. Und erst die Abfahrt! Wenige Kehren weiter öffnet sich der Blick auf den Rhônegletscher, der bis fast an die Straße heran reicht. Ein Stopp am Restaurant Belvédère ist eigentlich Pflicht.

Wir haben nun die europäische Wasserscheide überschritten: Floss zuvor der Vorderrhein noch in Richtung Nordsee, so fließt die Rhône nun zum Mittelmeer. Wir wer-

Günstige Übernachtung

Hotel Chur
Welschdörfli 2
Chur
Tel. 0 81/2 52 21 61

Hotel Casutt
Glennerstraße 20
Ilanz
Tel. 0 81/9 25 11 31

Hotel Rhaetia
Disentis
Tel. 0 81/9 47 56 26

Sporthotel Sonne
Gotthardstraße 76
Andermatt
Tel. 0 41/8 87 12 26

Hotel 3 Könige & Post
Gotthardstraße 69
Andermatt
Tel. 0 41/8 87 00 01

Hotel Glacier du Rhône
Gletsch
Tel. 0 27/9 73 15 15

Hotel Schmitta
Furkastraße
Fiesch
Tel. 0 027/9 70 10 20

den dem Verlauf des Baches, der hier noch Rotten heißt, bis nach Brig folgen. Zunächst aber geht es hinab ins Tal nach Gletsch, das schon von ganz oben zu sehen war. Der Höhenunterschied beträgt rund 1000 Meter auf 10 Kilometer! Drunten zweigt dann der Grimselpass in Richtung Meiringen ab (siehe Tour 9). Kräftige Holzhäuser aus groben Stämmen stehen in Dörfern wie Ulrichen, wo von links die Abfahrt vom Nufenenpass ankommt. Unsere Tour bleibt jetzt im Tal, die knapp 40 Kilometer bis Brig verfliegen im Nu. Für einen Restaurantbesuch oder zur Übernachtung sei noch Fiesch empfohlen. In Brig besteht Anschluss an Tour 11 zum Genfer See nach Montreux.

Nr/km	Road	Position	Richtung	Information
18 1	19	Andermatt	2 Furka, Gotthard	Sporthotel Sonne, Gotthardstr. 76, Andermatt, Tel. 0 41 / 8 87 12 26 Hotel 3 Könige & Post, Gotthardstr. 69, Andermatt, Tel. 0 41 / 8 87 00 01
19 2	2 19	Hospental	Furka	Anschluss von Tour 19
20 18	19	Passhöhe Furkapass 2436 m		Rhônegletscher Hotel Glacier du Rhône, Gletsch, Tel. 0 27 / 9 73 15 15
21 11	19	Abzweig Grimselpass	Brig V	Anschluss an Tour 9 V
22 11	19	Ulrichen, Abzweig Nufenen	Brig	Anschluss von Tour 9
23 19	19	Fiesch	Brig	Hotel Schmitta, Furkastraße, Fiesch, Tel. 0 27 / 9 70 10 20
24 15	19	Abzweig Naters	Brig	
25 5	19	Brig, Abzweig zum Simplon		Anschluss von Tour 10 Anschluss an Tour 11 Hotel Central, Gliserallee 50, Brig, Tel. 0 27 / 9 23 50 20 Stockalperpalast

Unten: Vom Furkapass aus bietet sich ein unvergleichliches Panorama bis hinüber zum Grimselpass.

Links: Kurz hinter Tavetsch verengt sich das weite Tal des Vorderrheins.

Auskunft
Verkehrsverein Graubünden
Alexanderstraße 24
Postfach 660
CH-7001 Chur
Tel. 081/2542424
Fax 081/2542400

Verkehrsverein
Gotthardstraße 2
CH-6490 Andermatt
Tel. 041/8871454
Fax 041/8870185

Wallis Tourismus
6, rue Pré-Fleuri
CH-1951 Sion
Tel. 027/3273570
Fax 027/3273571

Verkehrsverein Brig
CH-3900 Brig
Tel. 027/9231901
Fax 027/9243144

8 Italienische Impressionen – Von St. Moritz nach Bellinzona

Ausgangsort
St. Moritz

Zielort
Bellinzona

Gesamttourenlänge
170 km

Zeitbedarf
1 Tag

Anschlüsse
In Splügen von Tour 20, in Bellinzona an Tour 9 und Tour 10

Pässe geschlossen
Splügenpass XI – V, San Bernardino XI – V

Sehenswertes
Soglio; Bellinzona: drei Burgen

Kurzbeschreibung
Auf dieser fahrerisch und landschaftlich reizvollen Strecke sind nicht so viele Motorräder unterwegs, wie man vermuten könnte. Viel Kurvenspaß bietet der Malojapass hinab ins Bergell, auf der italienischen Seite wird es auf dem Splügenpass anspruchsvoll. Kurven im Tunnel, enge Straßenführung in den Kehren und der unbekümmerte Fahrstil der italienischen Autofahrer erfordern volle Aufmerksamkeit und Erfahrung. Vom Hinterrheintal bei Splügen geht es dann hinauf zum einsamen San Bernardino. Das letzte Stück nach Bellinzona rauscht man am besten auf der Autobahn durch.

St. Moritz wird im Rückspiegel kleiner, im Kreisverkehr von Silvaplana trennen sich die Wege. Rechts biegt Tour 6 ab, geradeaus geht es in Richtung Italien. Der Malojapass kommt etwas unvermittelt, weil es von dieser Seite keine Passrampe gibt. Der Maloja verbindet zwei verschieden hoch gelegene Täler. Das Fahren hier macht Spaß, besonders für Biker. Aber wo bleiben die alle nach dem Maloja? Auf der Strecke ins Bergell sind sie nicht mehr zu sehen. Ob sie hier nur runter und wieder hinauf fahren?

Das wäre schade, denn das Bergell ist ein entzückendes Tal, gesäumt von Dreitausendern. Die Dörfer sehen aus, als sei die Zeit stehen geblieben, moderne Fassaden sind hier kaum zu entdecken. Der Höhenunterschied zwischen der Passhöhe des Maloja (1815 Meter) und der Stadt Chiavenna beträgt rund 1500 Meter, doch der Abstieg vollzieht sich gleichmäßig, ohne weitere Serpentinen. Nach etwa zwei Dritteln der Talstrecke taucht

Die gut ausgebauten Kehren des Malojapasses machen bei sportlicher Fahrweise richtig Spaß.

die italienische Grenze auf. Wohl dem, der vorher getankt hat, denn in Italien kostet der Sprit umgerechnet über zwei Mark pro Liter, während man in der Schweiz nur mit etwa 1,50 Mark dabei ist.

Der Malojapass führt kurvenreich aus dem Hochtal bei St. Moritz hinab ins Bergell.

In Chiavenna beginnt das Abenteuer: Von 325 Metern hinauf auf 2113 Meter auf einer Straße, die offensichtlich weder in Italien noch in der Schweiz eine verkehrspolitische Bedeutung hat. Soll heißen, der Straßenzustand lässt deutlich zu wünschen übrig. Dazwischen wuselige italienische Kleinwagen, hupend, in Kurven überholend, Lastwagen, die in engen Spitzkehren rangieren müssen, und ein paar versprengte Urlauber, die wegen fehlender Straßenbegrenzungen der Mut verlässt und die ihren Wagen am liebsten um jede Kurve tragen würden. Glücklicherweise liegt der Splügenpass so, dass man ihn nicht als Ersten fahren kann, man ist gezwungen, sich zuvor auf anderen Pässen warm zu fahren. Damit ich nicht verkehrt verstanden werde – ich habe den Pass genossen. Zusammen mit dem Klausenpass, dem Umbrail, dem Nufenen und dem Furka zählt der Splügen für mich zu den schönsten seiner Art. Aber er ist eine Herausforderung und setzt Erfahrung im Umgang mit der eigenen Maschine voraus.

Auf den ersten Kilometern tummelt sich noch reichlich Verkehr, doch spätestens nach dem Abzweig

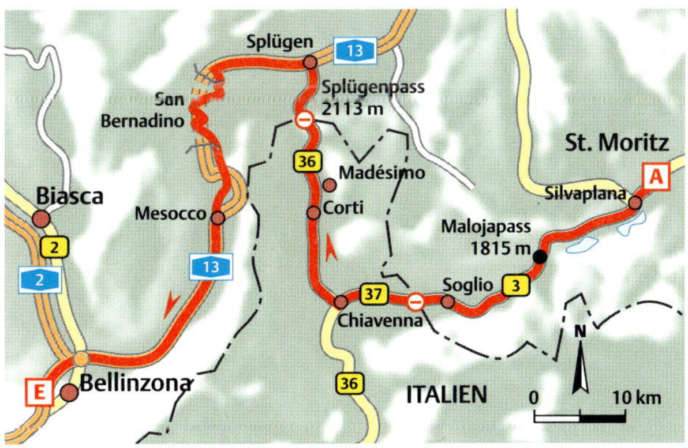

8 Von St. Moritz nach Bellinzona

Motorradtouren in der Schweiz

Region: Graubünden, Tessin
Etappe: St. Moritz – Bellinzona
Karten: Generalkarte der Schweiz, 1:300 000, Bundesamt für Landestopographie

Nr/km	Road	Position	Richtung	Information
1	27	St. Moritz	Silvaplana, Majolapass	Hotel Languard, Via Veglia 14, St. Moritz, Tel. 0 81 / 83 33 31 37
2 5	27	Silvaplana	3 Malojapass	
3 12	3	Passhöhe Malojapass 1815 m		Soglio
4 32	3 37	Chiavenna	36 Passo Spluga, Madésimo	
5 14	36	Corti	Passo Spluga, Madésimo	
6 4	36	freie Strecke	Passo Spluga, Madésimo	
7 0,2	36	Abzweig Madesimo	Passo Spluga	
8 12	36	Passhöhe Splügenpass 2113 m		
9 9		Splügen	13 San Bernardino V	Anschluss von Tour 20 Hotel Walserhof, Medels, Tel. 0 81 / 6 64 16 12 Posthotel Bodenhaus, Bodenplatz, Splügen, Tel. 0 81 / 6 50 90 90 V
10 11	13	Ausfahrt Passo San Bernardino	Passo San Bernardino	
11 9		Passhöhe San Bernardino 2066 m		
12 7		San Bernardino	Bellinzona	
13 0,2		San Bernardino	V 13 Bellinzona	Auf der alten Straße 13 bleiben V
14 44	13	Abfahrt Bellinzona Nord	Bellinzona V	Anschluss Tour 10 Anschluss Tour 9 3 Burgen V
15 0,8	13	Abzweig Autobahn San Gottardo	A 2 Bellinzona V	Für Tour 9: Autobahn bis Biasca V
16 9	2	Bellinzona-Süd		Hotel Cereda, Via Locarno 10, Sementina, Tel. 0 91 / 8 57 24 31

nach Madésimo wird es ruhiger. Da haben wir aber die ersten tausend Höhenmeter und eine geballte Ladung Ruß schon hinter uns. Manchmal hilft es, einfach rechts ran zu fahren und fünf Minuten zu warten, wenn an dem Lkw beim besten Willen nicht vorbeizukommen ist. Straße zu schmal, Gegenverkehr, nicht einsehbare Kurven, da wird ein Überholmanöver schnell zum Vabanquespiel. Blöd ist es vor allem, wenn der Lkw in der Kehre rangieren muss und man direkt dahinter in der Schräge steht. Na klar, das geht alles, aber mehr Spaß macht es bei freier Fahrt, die man oben hat. Neben den engen Kurvenradien sind auch Kurven in unbeleuchteten Galerien und Tunneln eine Besonderheit des Splügen. Ein bisschen Abenteuer muss sein. Zur Belohnung bieten sich immer wieder hinreißende Ausblicke, sowohl auf der italienischen Seite zurück in Richtung Chiavenna als auch oben am Lago di Montespluga, einem glasklaren Bergsee. Die Grenze befindet sich direkt an der Passhöhe, danach geht es hinab nach Splügen in das Hinterrheintal.

In Splügen lässt sich die Tour mit einfachen Mitteln variieren. Statt nach links in Richtung Bellinzona abzubiegen, kann man auch im Ort rechts fahren, um der Tour 20 rückwärts hinab nach Thusis und Bonaduz zu folgen. Dazu muss man in Splügen die Schnellstraße überqueren und bis in den Ort hinein fahren.

Dramatisch erheben sich die steilen Felswände über das Bergell mit seinen schönen alten Dörfern.

Etwas abseits der Route liegen in den Nebentälern des Bergells manche Ecken, in denen die Zeit stehen geblieben zu sein scheint.

Günstige Übernachtung
Hotel Languard
Via Veglia 14
St. Moritz
Tel. 0 81/83 33 31 37

Hotel Walserhof
Medels
Tel. 0 81/6 64 16 12

Posthotel Bodenhaus
Bodenplatz
Splügen
Tel. 0 81/6 50 90 90

Hotel Cereda
Via Locarno 10
Sementina
Tel. 0 91/8 57 24 31

Auskunft
Verkehrsverein Graubünden
Alexanderstraße 24
Postfach 660
CH-7001 Chur
Tel. 0 81/2 54 24 24
Fax 0 81/2 54 24 00

Kur- und Verkehrsverein
Via Maistra 12
CH-7500 St. Moritz
Tel. 0 81/8 37 33 33
Fax 0 81/8 37 33 66

Ticino Turismo
Casella postale 1441
CH-6501 Bellinzona
Tel. 0 91/8 25 70 56
Fax 0 91/8 25 36 14

Palazzo Civico
Via Camminata
CH-6500 Bellinzona
Tel. 0 91/8 25 21 31
Fax 0 91/8 25 38 17

Die Straßenführung ist in beide Richtungen ein wenig seltsam. Die alte und die neue, zur Autobahn ausgebaute Straße 13 führen direkt nebeneinander einher, teilweise nur durch einen Maschendrahtzaun getrennt. Man hat hier also die Wahl zwischen schnellem Fortkommen und geruhsamen Bummeln, teilweise über altes Kopfsteinpflaster. Landschaftlich nimmt sich das nichts. Wer die Schnellstraße benutzt, muss sie spätestens an der Abfahrt „Passo San Bernardino“ verlassen, sonst geht es rein in den sechseinhalb Kilometer langen San-Bernardino-Tunnel. Die alte Pass-Straße ist zwar schmal und wenig befahren, aber in einem ordentlichen Zustand. 2066 Meter liegen auf der Passhöhe beim Hospiz an, bevor man unten wieder auf die Straße 13 trifft.

Das folgende Stück ist Geschmackssache: Folgt man der neuen oder der alten Streckenführung? Ich habe mich ausnahmsweise einmal für die neue Trasse entschieden, weil sie einige weite Serpentinen aufweist, die sich mit viel Schräglage fahren lassen. Bei Mesocco geht die Schnellstraße dann in die vignettenpflichtige Autobahn über. Da das Tal ohnehin breit ist und die Höhepunkte der Tour vorbei sind, lasse ich die Tour auf der Autobahn Richtung Bellinzona ausrollen. Die alte Straße läuft die gesamte Zeit parallel; sollte hier viel Verkehr sein oder jemand das vierspurige Fahren partout nicht mögen, so kann man jederzeit auf die alte Straße ausweichen. Verfahren kann man sich mangels Kreuzungen nicht. Wer in Bellinzona den Anschluss an die Touren 9 und 10 sucht, muss die Abfahrt Bellinzona Nord wählen.

Der schönste Rückweg – Von Bellinzona in Richtung Luzern

9

Ausgangsort
Bellinzona

Zielort
Schüpfheim

Gesamttourenlänge
200 km

Zeitbedarf
1 Tag

Anschlüsse
In Biasca von Tour 18, in Airolo an Tour 19 über den Sustenpass nach Spiez, in Ulrichen an Tour 7 nach Brig, in Meiringen an Tour 19 nach Spiez, in Schüpfheim an Tour 12 nach Luzern

Pässe geschlossen
Nufenenpass XI – V, Grimselpass XI – V, Glaubenbüelen-Pass XI – IV

Sehenswertes
Bellinzona: drei Burgen; Meiringen: Aareschlucht; Freilichtmuseum Ballenberg

Kurzbeschreibung
Vier Pässe versüßen den Rückweg Richtung Norden: Der Nufenenpass gehört zu den Schönsten seiner Art, der breiter ausgebaute Grimselpass führt ebenfalls noch einmal auf über 2000 Meter Höhe. Die beiden folgenden Pässe haben bereits eher Mittelgebirgscharakter. Der Brünigpass fällt kaum als solcher auf, während der kleine, wenig bekannte Glaubenbüelenpass noch einmal einspurig auf 1611 Meter hinauf führt.

Wenn man schon wieder nach Hause muss, dann doch bitte auf die angenehmste Art und Weise! So ist diese Route zu verstehen, die natürlich auch in Teilstücken von all denen gefahren werden kann, die sich ein festes Quartier gesucht haben und Rundtouren machen. Von Bellinzona bis Biasca ist das Tal langweilig, ob man nun die Autobahn benutzt oder die Straße 2 über die Dörfer. Netter wird es hinter Biasca, wo von rechts die Tour 18 vom Lukmanierpass hinzustößt. Das Tal wird schmaler, die Dörfer befinden sich immer öfter in Hanglage. Doch insgesamt kann das Valle Leventina nicht verleugnen, dass eine der Hauptverkehrsadern der Alpen hindurchführt. Oder ist das Auge nur schon von den anderen tollen Strecken so verwöhnt? Richtig interessant wird es jedenfalls ab Airo-

Von der Passhöhe des Nufenen hat man einen weiten Blick auf die Berner Alpen.

Motorradtouren in der Schweiz

Region: Tessin, Vierwaldstätter See
Etappe: Bellinzona – Luzern
Karten: Generalkarte der Schweiz, 1:300000, Bundesamt für Landestopographie

Nr/km	Road	Position	Richtung	Information
1	13	Abfahrt Bellinzona Nord	2 Richtung Biasca	Hotel Cereda, Via Locarno 10, Sementina, Tel. 0 91 / 8 57 24 31
2 / 0,5	2	Castione	Passo San Gottardo	
3 / 4	2	Claro	Passo San Gottardo	
4 / 12	2	Biasca	Passo San Gottardo	
5 / 0,8	2	Biasca	Passo San Gottardo	
6 / 1	2	Biasca	Passo San Gottardo	Anschluss von Tour 18
7 / 13	2	Abzweig Chironico	Passo San Gottardo	
8 / 13	2	Fiesso Rodi	Passo San Gottardo, Airolo	
9 / 11	2	Airolo	Nufenenpass V	Anschluss an Tour 19 V Minotel Forni, Via Stazione, Airolo, Tel. 0 91 / 8 69 12 70
10 / 0,8		Abzweig San Gottardo	Nuveno	
11 / 14		Passhöhe Nufenenpass 2478 m		
12 / 24		Ulrichen	V 19 Furka, Grimsel	Anschluss Tour 7 V
13 / 11	19	Gletsch	6 Grimsel	Hotel Glacier du Rhône, Gletsch, Tel. 0 27 / 9 73 15 15
14 / 5	6	Passhöhe Grimselpass 2165 m		
15 / 20	6			Rechtskurve im Tunnel !
16 / 8	6 11	Innertkirchen	Meiringen	Anschluss von Tour 19
17 / 2	6 11			Aareschlucht, Parkplatz in Linkskurve

lo, wo Tour 19 geradeaus über den Gotthard führt und unsere Tour links zum Nufenenpass abbiegt.

Der Unterschied fällt sofort ins Auge: Die Bahn ist weg, die Autobahn verschwindet im Berg, es wird schnell sehr ruhig. Rechter Hand sind die Gipfel schneebedeckt, der Wandel vom fruchtbaren Tal zur hochalpinen Landschaft vollzieht sich mit jedem Höhenmeter deutlich sichtbar. Es ist Anfang Juli, also Hochsommer, doch rechts und links der Straße liegt oben noch Schnee – und zwar nicht gerade wenig. In 2478 Meter Höhe darf es kalt sein, selbst wenn die Sonne scheint. Das Thermometer pendelt sich unter zehn Grad ein, aber es ist ja noch Vormittag. Neben der Klause auf der Passhöhe befindet sich ein großer Parkplatz, von dem aus man freien Blick auf die Berner Alpen hat. Jenseits des Rhônetals müssen das wohl das Finsteraarhorn und das Wannenhorn sein, die dort die übrigen Zwei- und Dreitausender überragen – bei klarem Wetter eine grandiose Aussicht!

1000 Höhenmeter geht es nun hinab auf den 14 Kilometern bis nach Ulrichen, wo wir auf die Straße 19 treffen. Wer weiter in Richtung Genfer See fahren möchte, kann links auf die Tour 7 einschwenken, während wir rechts wieder mitten in die Berge hinein fahren. Nach elf Kilometern ist bei Gletsch das Tal wieder ganz eng, die Berge rücken bedrohlich nah. Geradeaus lockt der Furkapass, nach links zweigt der Grimselpass ab, der sich in zahlreichen, überwiegend gut ausgebauten Serpentinen wieder in die Höhe schraubt. Hier fühlen sich die Sport-

In Ulrichen trifft die Straße vom Nufenenpass auf Tour 7 nach Brig.

fahrer wohl, die an schönen Sommerwochenenden in Massen hierher fahren. Wer die Pässe Nufenen, Furka, Grimsel und Gotthard in Ruhe fahren möchte, sollte dies tunlichst in der Nebensaison oder unter der Woche machen, denn an Wochenenden sind mehr Motorräder als Autos unterwegs.

Auf dem Grimselpass, der 2165 Meter hoch liegt, habe ich einen Wetterumschwung erlebt: die eine Seite trocken und schön, die Abfahrt nach Meiringen in Wolken, feucht und nieselig. Erst vor der Aareschlucht lockerte der Himmel wieder auf. Der Parkplatz zu diesem Naturschauspiel liegt in einer Linkskurve. Auf einem Holzpfad kann man über dem Wasser der Aare in die enge Schlucht hineingehen. Anschließend verläuft unsere Tour durch Meiringen hindurch, dann darf man den Abzweig rechts nach Brünig nicht verpassen. Außerdem gibt es im Touristenzentrum Meiringen zahlreiche Möglichkeiten für eine Rast oder zur Übernachtung. Der Brünigpass ist schnell erreicht, wer

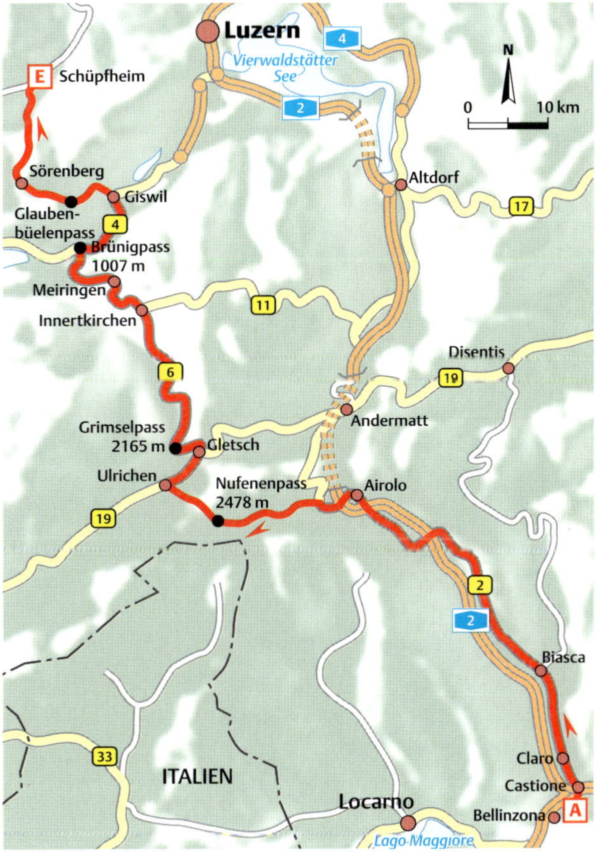

Nr/km	Road	Position	Richtung	Information
18 / 3,5	6 / 11	Abzweig Meiringen	V Meiringen	Anschluss Tour 19 V
19 / 0,3		Meiringen	Ortsdurchfahrt	Hotel Meiringen, Bahnhofplatz 1, Meiringen, Tel. 0 33 / 9 72 12 12
20 / 4		Abzweig Brünig	Luzern, Brünig	
21 / 6		Abzweig Interlaken	4 Luzern, Brünig	Freilichtmuseum Ballenberg
22 / 1	4	Passhöhe Brünigpass 1007 m		
23 / 12	4	Giswil	Sörenberg, Mörlialp V	Bei schlechter Sicht geradeaus nach Luzern V Hotel Alpenrösli, Giswil, Tel. 0 41 / 6 76 71 11
24 / 7		Abzweig Mörlialp	Sörenberg	
25 / 30		Schüpfheim Kreuzung 10		Anschluss Tour 12 nach Luzern

ihn aber mit Nufenen und Grimsel vergleicht, wird enttäuscht sein. Der 1007 Meter hohe Pass ist bewaldet und wenig spektakulär, aber ebenso angenehm zu fahren wie die weitere Straße nach Giswil.

Nur mit weißen Schildern gekennzeichnet ist der Abzweig in Giswil zum Glaubenbüelenpass. Die Mörlialm und Sörenberg sind auf den Schildern genannt. Das macht Sinn, denn die einspurige Panoramastraße ist eigentlich nicht für Durchgangsverkehr ausgelegt. Bei schlechtem Wetter sollte man überlegen, ob es nicht besser ist, in Giswil gleich geradeaus zur Autobahn nach Luzern zu fahren – ohne Aussicht macht der Glaubenbüelen-Pass keinen Spaß, dafür ist die Straße zu schmal. Sie geht bis auf 1611 Meter hoch, immer wieder ergeben sich weite Ausblicke über den Sarner See, jenseits der Passhöhe führt eine Seilbahn auf das Brienzer Rothorn. Die Abfahrt über Flühli nach Schüpfheim ist gemütlich, in Schüpfheim besteht dann Anschluss an Tour 12, die bis nach Luzern führt.

Immer mehr Hotels und Gasthöfe in der Schweiz entdecken Motorradfahrer als Zielgruppe.

Beliebte Kurvenorgie für Sportfahrer: Der Grimselpass fährt sich richtig flott.

Günstige Übernachtung
Hotel Cereda
Via Locarno 10
Sementina
Tel. 0 91/8 57 24 31

Minotel Forni
Via Stazione
Airolo
Tel. 0 91/8 69 12 70

Hotel Glacier du Rhône
Gletsch
Tel. 0 27/9 73 15 15

Hotel Meiringen
Bahnhofplatz 1
Meiringen
Tel. 0 33/9 72 12 12

Hotel Alpenrösli
Giswil
Tel. 0 41/6 76 71 11

Auskunft
Ticino Turismo
Casella postale 1441
CH-6501 Bellinzona
Tel. 0 91/8 25 70 56
Fax 0 91/8 25 36 14

Palazzo Civico
Via Camminata
CH-6500 Bellinzona
Tel. 0 91/8 25 21 31
Fax 0 91/8 25 38 17

Berner Oberland Tourismus
Jungfraustraße 38
CH-3800 Interlaken
Tel. 0 33/8 23 03 03
Fax 0 33/8 23 03 30

Zentralschweiz Tourismus
Postfach
CH-6002 Luzern
Tel. 0 41/3 18 41 41
Fax 0 41/3 18 41 40

10 Die Südtangente – Von Bellinzona durch das Centovalli nach Brig

Ausgangsort
Bellinzona

Zielort
Brig

Gesamttourenlänge
135 km

Zeitbedarf
1/2 Tag

Anschlüsse
In Bellinzona von Tour 8, in Brig an Tour 11

Sehenswertes
Bellinzona: drei Burgen; Locarno: Piazza Grande; Re: Kirche; Brig: Stockalperpalast

Kurzbeschreibung
Diese Route ist als Querverbindung in Richtung Frankreich und Genfer See gedacht. Landschaftlicher Höhepunkt ist das Centovalli, wo die Straße teilweise oberhalb einer Schlucht verläuft. Der italienische Teil führt an Domodóssola vorbei hin zur Simplonstraße. Der Simplonpass zählt zu den breit ausgebauten Bergstraßen.

Bellinzona ist seit Jahrhunderten das Tor zu Italien, und entsprechend viel Verkehr bricht über die Gotthardstraße auf die Stadt der drei Burgen herein. Man tut Bellinzona jedoch Unrecht, wenn man es nur als Durchgangsstation betrachtet. Dann bleibt als Erinnerung eine zähe Fahrt durch nichtssagende Stadtstraßen. Ein Besuch der Burgen ändert den Eindruck nachhaltig. Castello Grande aus dem 13. Jahrhundert ist die älteste dieser Burganlagen, sie wurde zwischenzeitlich auch Burg Uri genannt. Sie entstand auf den Resten einer römischen Festung. Das Castello di Montebello ist nur unwe-

Jenseits von Locarno beginnt im Centovalli der Fahrspaß auf dieser Südtangente.

In den Tessiner Tälern finden sich noch viele alte Gebäude mit den typischen Steindächern – hier am Ende des Valle Verzasca.

sentlich jünger; die dritte Burg, das Castello di Sasso Corbaro, entstand im 15. Jahrhundert oberhalb der Stadt. Alle drei Anlagen hatten die Aufgabe, das Tessin nach Süden hin abzuriegeln.

Um den Anschluss von Tour 8 herzustellen, beginnt unsere Route an der Autobahn-Abfahrt Bellinzona-Nord; dort nimmt auch Tour 9 ihren

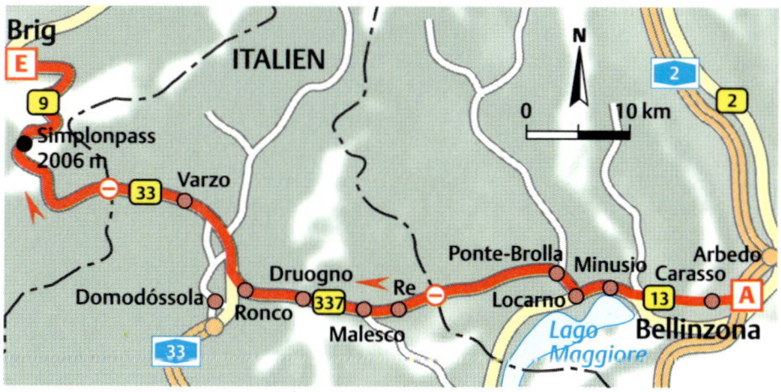

10 Von Bellinzona durch das Centovalli nach Brig

Motorradtouren in der Schweiz

Region: Tessin, Wallis
Etappe: Bellinzona – Brig
Karten: Generalkarte der Schweiz, 1:300 000, Bundesamt für Landestopographie

Nr/km	Road	Position	Richtung	Information
1	13	Abfahrt Bellinzona Nord, Kreuzung 2	Bellinzona	
2 / 0,7	2	Arbedo	Bellinzona	
3 / 0,3	2	Arbedo	Locarno	
4 / 2,5	2	Bellinzona	Locarno	3 Burgen
5 / 1		Bellinzona	Carasso	
6 / 0,2		Bellinzona	innerorts	
7 / 0,5		Bellinzona	Carasso	
8 / 1		Carasso	Locarno	Hotel Cereda, Via Locarno 10, Sementina, Tel. 0 91 / 8 57 24 31
9 / 1,5		Kreuzung 13	13 Locarno	
10 / 10	13	Abzweig Lugano	Gordola, Valle Verzasca	
11 / 2,5		Gordola, Abzweig Valle Verzasca	Locarno	
12 / 1		Tenero	Locarno, Minusio	
13 / 0,8		Tenero	Locarno	
14 / 3		Minusio	Centovalli, Valle Maggia	
15 / 2		Locarno	Centovalli, Valle Maggia	Hotel Tabor, Via Monte-Brè 4, Locarno, Tel. 0 91 / 7 51 66 31 Piazza Grande
16 / 3		Ponte-Brolla	Centovalli, Onsernone, Domodóssola	
17 / 15		Grenze		Tankstelle

Anfang. Durch den Vorort Arbedo geht es hinein nach Bellinzona, wo wir eine weniger befahrene Ausweichstrecke an das andere Ufer des Ticino nach Carasso wählen. Von dort fahren wir vorbei an Weinbergen in Richtung Locarno. Die Nordspitze des Lago Maggiore kommt nur kurz ins Bild, wenn man Tenero erreicht; Zeit zum Schauen bleibt bei dem starken Verkehr kaum. Die Hauptstraße führt in einem Tunnel unter Locarno hindurch, was für den Durchgangsverkehr in Richtung Ascona gut ist. Da wir aber ins Centovalli wollen, wählen wir eine Route über Minusio durch Locarno. Nicht immer ist festzustellen, wo man sich gerade befindet, die Minimal-Ausschilderung lässt manche Frage offen. Auch wenn zwischendrin die Straße schmal wird und das Kopfsteinpflaster rüttelt – solange man geradeaus fährt und sich nach den (seltenen) Schildern nach Centovalli und Valle Maggia richtet, ist man auf dem richtigen Weg.

Fahrspaß kommt erst hinter Locarno auf, und da wird es sehr schnell einsam. Ab Ponte-Brolla, wo es zum Valle Maggia abgeht, werden Tal und Straße immer schmaler, links fällt eine Schlucht steil ab. Bei zehn Prozent Steigung hat man den Eindruck, es gehe zu einem Pass hinauf, doch das täuscht. Die Straße schlängelt sich durch die Schlucht, klebt manchmal am Hang, und man weiß nie genau, wie es hinter der

An der Grenze zwischen der Schweiz und Italien hat man das Gefühl, die Straße würde im Nirgendwo enden.

Nr/km	Road	Position	Richtung	Information
18 6		Re	Domodóssola (links)	Kirche
19 6		Malesco	(rechts) Domodóssola	
20 2,5		Druogno	Domodóssola (links)	
21 1,5		Abzweig Gagnone	(geradeaus) Domodóssola, Milano	
22 9		Ronco	Domodóssola Milano (links)	
23 0,5		Ronco	(rechts) 33 Milano, Sempione	
24 1,5		Kreuzung 33	(rechts) 33 Sempione	
25 39	33 9	Passhöhe Simplonpass 2006 m		
26 20	9	Brig	(geradeaus) Lausanne, Sion	Stockalperpalast Hotel Central, Gliserallee 50, Brig Tel. 0 27 / 9 23 50 20
27 5	9	Brig, Kreuzung 9 19	(links)	Anschluss Tour 11

Günstige Übernachtung
Hotel Cereda
Via Locarno 10
Sementina
Tel. 091/8572431

Hotel Tabor
Via Monte-Brè 4
Locarno
Tel. 091/7516631

Hotel Central
Gliserallee 50
Brig
Tel. 027/9235020

Auskunft
Ticino Turismo
Casella postale 1441
CH-6501 Bellinzona
Tel. 091/8257056
Fax 091/8253614

Palazzo Civico
Via Camminata
CH-6500 Bellinzona
Tel. 091/8252131
Fax 091/8253817

Wallis Tourismus
6, rue Pré-Fleuri
CH-1951 Sion
Tel. 027/3273570
Fax 027/3273571

Verkehrsverein Brig
CH-3900 Brig
Tel. 027/9231901
Fax 027/9243144

nächsten Kurve weitergeht. An der Grenze nach Italien gibt es noch eine letzte Tankstelle, dann folgt eine Weile das große Nichts. Die Kuppel der Kirche von Re ist dann das erste deutliche Anzeichen für eine dichtere Besiedlung. Je weiter wir in Richtung Domodóssola fahren, desto breiter wird das Tal wieder. Der Straßenzustand bestätigt alle Vorurteile gegenüber Italien: Hier ist ein Stück perfekt und breit ausgebaut – da war wohl Geld vorhanden –, aber nach 800 Metern folgt eine Verengung auf die Hälfte der vorherigen Straßenbreite.

Vor Domodóssola ist die Superstrada 33 nach rechts ausgeschildert, man erspart sich also die Ortsdurchfahrt. Die Straße zum Simplonpass hinauf ist breit ausgebaut, so dass man die Lastwagen, die hier im internationalen Verkehr unterwegs sind, meist recht problemlos überholen kann. Galerien und Tunnel machen den Pass zwar winterfest, versperren aber leider hin und wieder die Aussicht. Der Simplon zählt nicht zu den spannendsten Pässen, lässt sich aber einfach und relativ flott fahren. Vor allem in der Abfahrt nach Brig gibt es zahlreiche schöne Ausblicke in das Rhônetal und auf die gegenüberliegenden Berge. Und Brig selbst sieht von oben auch hübsch aus. In den Ort hinein führt das Roadbook nicht; wir halten uns bergab links auf der Umgehungsstraße in Richtung Sion, um auf das Ende von Tour 7 zu stoßen. An der Kreuzung der Straßen 19 und 9 enden diese beiden Routen, gleichzeitig beginnt hier Tour 11, die nach Montreux an den Genfer See führt.

Durch das Wallis an den Genfer See – Von Brig nach Montreux

11

Von Brig geht es zunächst einmal auf der Hauptstraße ins benachbarte Visp, wo sich ein Abstecher nach Saas Fee anbietet. Zermatt hingegen ist autofrei – und wer stellt schon gern sein Motorrad ein paar Kilometer vor dem Ziel ab? Viele der Seitentäler tragen bekannte Namen: das Lötschental ist aufgrund der Autoverladung durch den Lötschbergtunnel bekannt; Leukerbad liegt zwar wunderschön, wurde aber unrühmlich bekannt durch den Konkurs der Stadtkasse. Man hatte sich mit touristischen Großprojekten übernommen, und so musste sogar das Rathaus verkauft werden. Vor Sierre überqueren wir die Rhô-

Ausgangsort
Brig

Zielort
Montreux

Gesamttourenlänge
140 km

Zeitbedarf
$^1/_2$ Tag

Anschlüsse
In Brig von Tour 7 und Tour 10, bei Ollon von Tour 14, bei Aigle an Tour 14, in Montreux an Tour 12

Sehenswertes
Brig: Stockalperpalast; Sion: Château de Valére, Basilika; Aigle: Schloss; Montreux: Schloss Chillon

Kurzbeschreibung
Weinberge und schneebedeckte Gipfel im Tal der Rhône begleiten diese Zubringertour nach Süden. Soweit wie möglich verläuft sie auf kleinen Nebenstraßen, beispielsweise auf dem Abstecher nach Crans-Montana. Ziel ist das sonnenreiche Montreux am Genfer See.

Der Genfer See ist auch im Herbst ein lohnendes Ziel, wenn die Berge schon eine Schneehaube tragen.

Motorradtouren in der Schweiz

Region: Wallis, Genfer See
Etappe: Brig – Montreux
Karten: Generalkarte der Schweiz, 1:300 000, Bundesamt für Landestopographie

Nr/km	Road	Position	Richtung	Information
1	19 9	Brig, Kreuzung Abzweig Simplonpass 9 19	Lausanne	Stockalperpalast Hotel Central, Gliserallee 50, Brig Tel. 0 27 / 9 23 50 20
2 7	9	Visp	Lausanne, Sion	
3 1,5	9	Abzweig Saas Fee	Lausanne, Sion	Saas Fee
4 9	9	Gampel / Steg, Abzweig Lötschental	Lausanne, Sion	
5 9	9	Susten, Abzweig Leukerbad	Lausanne, Sion	
6 8	9	Sierre, Abzweig Autobahn	Sierre, Montana	
7 1,5		Sierre	Montana, Lausanne, Sion	
8 0,3		Sierre	Montana	
9 1,5		Sierre	Montana	Vorfahrtsstraße bergauf folgen.
10 11		Montana	Crans	Hotel Colorado, Rte. Aminona, Montana, Tel. 0 27 / 4 81 32 71
11 2		Crans, Abzweig Chermignon	unbeschildert	Hotel Robinson, Crans, Tel. 0 27 / 4 81 13 53
12 0,6		Crans	Sion, Ayent	
13 11		Botyre	Sion	
14 3		Grimisuat	Sion	
15 5		Sion	Lausanne	
16 0,4		Sion	Lausanne, Martigny	Château de Valère, Basilika
17 0,3		Sion	Lausanne, Martigny	

ne, hinter der Brücke folgt der Abzweig nach Montana.

Durch relativ dicht bebautes Gebiet zieht sich die Nebenstraße den Berg hinauf. Der Schlenker über Crans-Montana – die Hauptstraße verläuft nämlich weiter im Tal – dient nur dem „plaisir“. Die Aussicht ist schöner als unten, und die Möglichkeiten einzukehren sind vielfältiger. Fahrerisch bringt die Strecke bergauf wenig, weil sie überwiegend durch Ortschaften führt, bergab hingegen sind ein paar interessante Kurven dabei. Mit anderen Worten: Wir sind auf „Kaffeefahrt“. Auf der Höhe ist man in Crans-Montana nur geografisch. Im Zentrum verlassen einen alle Schilder. Zum Blick auf die Karte hielt ich in einer Bushaltestelle – es dauerte keine Minute, bis mich ein Polizist mehr oder weniger freundlich zur Weiterfahrt aufforderte. In solchen Situationen kann ich nie Französisch und er konnte nichts anderes. So trennt man sich mit einem freundlichen Lächeln und einem schmutzigen Gedanken.

Die Abfahrt nach Sion hält neben schönen Ausblicken auch ein paar sehr enge Kehren bereit, bevor wir Sion erreichen, die Hauptstadt des Kantons Wallis beziehungsweise Valais, wie es auf Französisch heißt. Markant über der Stadt erhebt sich das Château de Valère mit der Basilika Notre Dame, die beide abends angestrahlt werden. Die Stadtdurchfahrt gestaltet sich unproblematisch, vermutlich entlastet die parallel laufende Autobahn Sion vom Transitverkehr. Die Ausfallstraße ist von Supermärkten und Handwerksbetrieben gesäumt, erst

hinter Ardon treten die Weinberge in den Vordergrund. Wir wählen die Route du Vignoble über die Winzerdörfer. Schweizerischer Wein ist im Ausland kaum bekannt, weil nur geringe Mengen exportiert werden. Dafür, dass hier so viel vorzüglicher Wein angebaut wird, sind die Preise allerdings nicht nachvollziehbar. In ganz normalen Restaurants kostet ein Glas zwischen fünf und sieben Franken. Der kleine Unterschied macht's: In der Schweiz erhält man dafür nur 0,1 Liter, während in Deutschland 0,2 Liter ausgeschenkt werden – für den gleichen Betrag in Mark. Das Preisniveau in der Schweiz schmerzt schon gelegentlich.

Wer einmal am Genfer See bei Montreux die Aussicht genoss, weiß, warum es einst den europäischen Adel hierher zog.

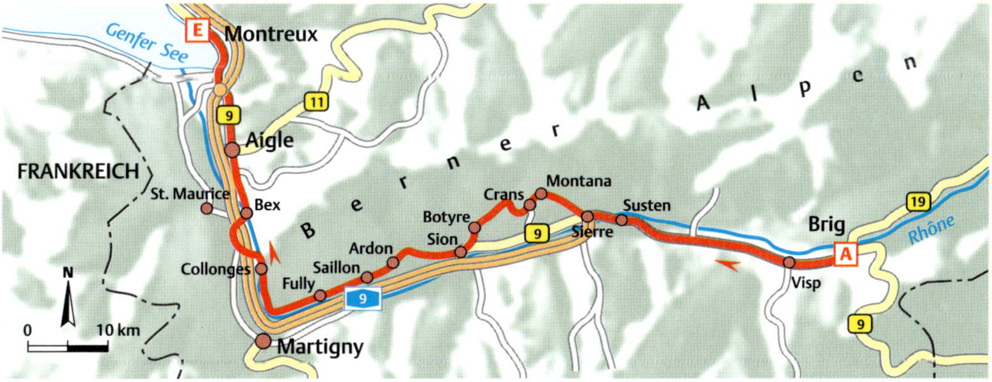

11 Von Brig nach Montreux

Nr/km	Road	Position	Richtung	Information
18 1		Sion	Lausanne, Martigny	
19 8		Ardon, Gabelung zur Autobahn	Martigny, Route du Vignoble	
20 8		Saillon	Martigny, Fully	
21 6		Fully	Martigny	
22 3		Vor der Brücke	Collonges, Dorénaz	
23 5		Vor Dorénaz	Dorénaz, Collonges	
24 4		Hinter Collonges	Lausanne	
25 5		Bex, Abzweig Evian	9 Lausanne	
26 10	9	Abzweig Villars, Ollon	Lausanne	Anschluss von Tour 14
27 0,8	9	Abzweig Aigle	Lausanne V	Anschluss an Tour 14 Schloss Aigle
28 2,5	9	Umgehung Aigle	Lausanne	
29 0,8	9	Umgehung Aigle	Lausanne	
30 15	9	Montreux, Hotel Montreux Palace		Anschluss an Tour 12, Schloss Chillon, Golf-Hotel René Capt, Bon Port 35, Montreux, Tel. 0 21 / 9 63 46 31

Eben läuft die Straße vorbei an Winzerhöfen und Weinbergen mit hohen Rebstöcken, bis sie hinter Fully auf die Rhône trifft. Vor der Steinbrücke biegen wir rechts ab, um auf einer schmalen Nebenstraße direkt am Ufer des Flusses entlang zu cruisen. Bei Collonges wird man dann doch über eine Brücke geleitet, am rechten Ufer gibt es danach keine Straße mehr. So fahren wir nun parallel zu Autobahn und Fluss im immer breiter werdenden Rhônetal gen Nordwesten. Bei Ollon stößt die Tour 14 dazu, sie kommt vom Col de la Croix herunter. Nur ein kurzes Stück nutzen die beiden Touren die gleiche Strecke, bei Aigle biegt Tour 14 bereits wieder in die Berge ab, hinauf zum Col des Mosses. Langsam kann man den Lac Léman, den Genfer See, ahnen, und das letzte Stück zwischen Villeneuve und Montreux verläuft die Straße dann direkt am See. Schloss Chillon, symbolträchtiger Treffpunkt der Romantik (Lord Byron) und einst Sitz von Bischöfen, Grafen, Herzögen

Im Rhônetal werden die Weinberge – wie hier bei Ardon – von der Sonne verwöhnt.

Das romantisch im See gelegene Schloss Chillon ist einer der Publikumsmagneten von Montreux.

und Landvögten, liegt pittoresk auf einer Felseninsel im Wasser. Rechter Hand taucht die Standseilbahn auf, mit der bereits die österreichische Kaiserin Sissi und der ganze Hofstaat hinauf zu den Hotels in Glion fuhren. Hier, wo einst der europäische Adel weilte, umweht fast jedes Hotel der Hauch der Geschichte. Und manchmal sieht man ihn sogar aus den Polstern und Vorhängen aufsteigen – in Form von Staub.

Günstige Übernachtung

Hotel Central
Gliserallee 50
Brig
Tel. 0 27/9 23 50 20

Hotel Colorado
Rte. Aminona
Montana
Tel. 0 27/4 81 32 71

Hotel Robinson
Crans
Tel. 0 27/4 81 13 53

Golf-Hotel René Capt
Bon Port 35
Montreux
Tel. 0 21/9 63 46 31

Auskunft

Wallis Tourismus
6, rue Pré-Fleuri
CH-1951 Sion
Tel. 0 27/3 27 35 70
Fax 0 27/3 27 35 71

Verkehrsverein Brig
CH-3900 Brig
Tel. 0 27/9 23 19 01
Fax 0 27/9 24 31 44

Office du tourisme
du Canton de Vaud
60, Av. d'Ouchy
Case postale 164
CH-1000 Lausanne 6-Ouchy
Tel. 0 021/6 13 26 26
Fax 0 21/6 13 26 00

Montreux Tourisme
Av. du Théâtre 5
CH-1820 Montreux
Tel. 0 21/9 62 84 84
Fax 0 21/9 63 78 95

12 Die goldene Mitte der Schweiz – Von Montreux nach Luzern

Ausgangsort
Montreux

Zielort
Luzern

Gesamttourenlänge
225 km

Zeitbedarf
1 Tag

Anschlüsse
In Montreux von Tour 11, in Riaz an Tour 12, in Kirchenthurnen an Tour 13, in Steffisburg an Tour 15, in Schüpfheim von Tour 9

Sehenswertes
Montreux: Schloss Chillon; Caux: ehemaliges Grand Hotel

Kurzbeschreibung
Diese Strecke ist ein Leckerbissen für Freunde von untergeordneten Straßen durch einsame Gegenden. Gleich zu Beginn geht es einspurig hoch über den Genfer See hinaus; vom Freiburger Land aus werden ähnlich unbekannte Strecken in Richtung Thuner See gewählt. Unterwegs erwarten uns mit dem Gurnigl und dem Schallenbergpass zwei Mittelgebirgspässe. Fahrerisch gibt es vor allem zu Beginn einige anspruchsvolle Passagen. Vom Zeitaufwand eine der längsten Touren.

Alle waren sie in Montreux, der russische Adel, der deutsche und der österreichische. Vor dem Ersten Weltkrieg hatte Montreux rund 7000 Hotelbetten, heute liegt die Zahl zwischen 4000 und 5000. Seinen Ruf hatte das einstige Fischer- und Winzerdorf am Genfer See etlichen Prominenten zu verdanken. Der englische Romantiker Lord Byron schätzte die Atmosphäre ebenso wie der französische Philosoph Jean-Jacques Rousseau; das Schloss Chillon mit seiner traumhaften Lage im See hatte es ihnen angetan, das sonnige Wetter natürlich auch. Viele der klassischen Hotels aus der großen Zeit stehen noch, ihr Zustand ist unterschiedlich. Manchem Hotelier ging bei den aufwendigen Renovierungsarbeiten das Geld aus; andere verbauten

Blick über den Genfer See aus der Gegend von Glion.

zeittypische Glasbausteine oder elektrische Kamine und zerstörten so den Charakter der Häuser. Aber es gibt auch Beispiele für gelungene Renovierungen. Dazu zählt das Hotel Victoria in Glion, ein Vier-Sterne-Haus, das leider nicht in die Kategorie „preiswerte Übernachtung“ fällt. Wer hier aus dem Fenster über Montreux und den See schaut, ahnt, weshalb sich Sissi und ihre Kollegen hier oben so wohl fühlten. Je höher das Renommee, desto

Die Straße von Montreux über Glion hinauf nach Caux benutzte schon Kaiserin Sissi mit ihrem Gefolge.

Motorradtouren in der Schweiz

Region: Schweizer Mittelland
Etappe: Montreux – Luzern
Karten: Generalkarte der Schweiz, 1:300 000, Bundesamt für Landestopographie

Nr/km	Road	Position	Richtung	Information
1		Montreux, Hotel Montreux Palace	Glion-Caux	Anschluss von Tour 11 Schloß Chillon
2 / 0,5		Montreux Bahnhof	Glion-Caux	
3 / 0,9		Montreux	Glion-Caux	
4 / 2,5		Glion	Caux	Hotel des Alpes Vaudoises, Rue de Bugnon, Glion, Tel. 0 21/9 63 20 76
5 / 4		Caux	Col de Jaman	Hostellerie de Caux, Caux, Tel. 0 21/9 63 76 08
6 / 1,3		Caux	Col de Jaman	Ehemaliges Grand Hotel
7 / 5		Abzweig zum Col de Jaman	Les Avants	
8 / 3		Abzweig nach Sonloup	Sonloup	
9 / 2		Sonloup	L'Alliaz	De Sonloup, Col de Sonloup, Les Avants, Tel. 0 21/9 64 34 31
10 / 1,2		Abzweig Montreux	Blonay, L'Alliaz	
11 / 0,7			Blonay	
12 / 2,5			Blonay, Vevey	Hotel du Parc, Mont-Pèlerin oberhalb von Vevey, Tel. 0 21/9 21 23 22
13 / 4,5		Blonay	Châtel-St.-Denis, Bulle	
14 / 7		Zubringer Autobahn	Châtel-St.-Denis, Bulle	
15 / 1		Kreuzung 12	12 Châtel-St.-Denis, Bulle	
16 / 0,8	12	Châtel-St.-Denis	Bulle, Fribourg	
17 / 12	12	Autobahn nach Bulle	Vaulruz, Bulle	

höher musste offensichtlich das Hotel liegen. Die österreichische Kaiserin jedenfalls zog mit ihrem Gefolge zunächst vom Seeufer empor nach Glion, sozusagen als erste Etappe, um dann im Grand Hotel in Caux zu residieren.

Unsere Tour folgt den Spuren des Adels den Berg hinauf, wobei teilweise enorme Steigungen zu bewältigen sind. Wir nehmen nicht den ersten Abzweig kurz hinter Schloss Chillon, weil wir sonst im Berg an einer Stoppstraße im spitzen Winkel abbiegen müssten. Stattdessen geht es vom Hotel Montreux Palace gegenüber dem Kongresszentrum durch die Altstadt hinauf nach Glion. In Glion lohnt ein erster kurzer Stopp, um die Aussicht zu genießen. Ein Parkplatz befindet sich am Haltepunkt der Zahnradbahn rechts der Straße.

Vier Kilometer den Berg hinauf folgt Caux. Das einstige Grand Hotel beherbergt heute einen amerikanischen „Verein zur moralischen Wiederaufrüstung" und hat leider nur noch den Charme einer heruntergekommenen Jugendherberge. Die glasierten Ziegel auf dem Dach des riesigen Komplexes lassen ahnen, was für ein prachtvolles Hotel dies einst gewesen sein muss. Bergauf ist nun der Col de Jaman ausgeschildert, der allerdings für Kraftfahrzeuge gesperrt ist. Kurz unterhalb der Passhöhe führt aber eine einspurige Straße durch den Wald nach Les Avants und Sonloup, wo wir uns rund 700 Meter über dem Genfer See befinden, der immer wieder in der Ferne im Gegenlicht blitzt. Es sind diese Aussichten bis weit hinüber ans französische

In Caux führt uns die Straße am ehemaligen Grand Hotel vorbei.

12 Von Montreux nach Luzern

Nr/km	Road	Position	Richtung	Information
18 6	12	Bulle	Fribourg	Anschließend 5 x innerorts geradeaus (jeweils im Kreisverkehr)
19 2	12	Bulle	Fribourg	Anschluss von Tour 12
20 1	12	Zubringer Autobahn	Fribourg	
21 1	12	Riaz	V Fribourg über Corbières	Anschluss an Tour 12 nach Fribourg und Bern V
22 4		Corbières	Fribourg	
23 12		Le Mouret	Giffers	
24 5		Giffers	Schwarzsee	
25 9		Plaffeien	Schwarzsee	
26 4		Zollhaus	Sangenboden, Schwefelberg	Hotel Bad, Schwarzsee, Tel. 0 26 / 4 12 11 04
27 14		Abzweig Riggisberg	Riggisberg, Gurnigel	
28 3		Berghaus Gurnigel, Passhöhe Gurnigel 1608 m		Motorradtreff am Berghaus Gurnigel, Hotel Gurnigel-bad, Gurnigel-Rüti, Tel. 0 31 / 8 09 00 77 Biker
29 13		Abzweig Wattenwil	Riggisberg	
30 1,5		Riggisberg	Bern, Thun	Anschluss von Tour 13
31 2		Abzweig Bern	Thun	
32 1		Kirchenthurnen	Bern V	Anschluss an Tour 13 nach Spiez und Zweisimmen V
33 0,3		Kirchenthurnen	Mühledorf, Kirchdorf	
34 3,5		Kirchdorf	Thun, Kiesen	
35 2		Hinter Kirchdorf	Kiesen, Jaberg	

Ufer, die mich dazu bewogen haben, diesen asphaltierten Weg in die Tour aufzunehmen. Natürlich kommt man hier nicht schnell voran, aber darum geht es ja nicht. Das bedeutet natürlich auch, dass man sich diesen Teil der Tour schenken kann, wenn das Wetter einmal nicht mitspielen sollte.

In Blonay biegen wir rechts ab ins Binnenland in Richtung Bulle. Bei Châtel-St.-Denis erreichen wir die gut ausgebaute Straße 12, die aber aufgrund der parallel verlaufenden Autobahn erfreulich wenig befahren wird. Vor Vaulruz versuchen die Schilder wieder, uns auf die Autobahn zu locken: Bulle ist nur über die Autobahn ausgeschildert. Das soll uns nicht stören, wir fahren geradeaus und gelangen natürlich auch so nach Bulle. Hier hat ein Straßenbauer nicht nur eine runde Sache abgeliefert: Noch nie habe ich so viele Verkehrskreisel hintereinander erlebt wie in Bulle. Ein kurzes Stück verläuft unsere Route gemeinsam mit Tour 13 in Richtung Fribourg (Freiburg), dann biegen wir in Riaz rechts ab und überqueren alsbald den Lac de la Gruyère. Die ländliche, leicht hügelige Gegend ist relativ dicht besiedelt, nie ist es weit von einem Dorf zum nächsten. In Le Mouret biegen wir rechts nach Giffers ab, dort erneut rechts in Richtung Schwarzsee. Jetzt wird es wieder einsam, hinter dem Ort mit dem merkwürdigen Namen Plaffeien ist die Straße wie ausgestorben. Beim Linksabbiegen nach Sangenboden frage ich mich, ob ich noch richtig bin. Das Gefühl sagt nein, die Karte ja. Also geht es bergauf durch dunklen Tann, eine Entscheidung, die ich

Links: Die schmale Panoramastraße zum Col de Jaman macht bei guter Sicht viel Freude.

Unten: Im letzten Abendlicht schimmert der Thuner See unterhalb des Gurnigelpasses.

nicht bereuen sollte. So einsam ist es weiter oben nämlich nicht, es sind einige Motorradfahrer unterwegs, darunter eine Kradtruppe der Schweizer Armee mit ihren knatternden „Töffs“. Bis auf 1608 Meter geht es hinauf zur Passhöhe Gurnigel, am folgenden Berghaus ist regelmäßig Treff für Zweiradfahrer. Und die Aussicht von hier oben über den Thuner See ist wahrlich beeindruckend.

Zurück im Tal gilt es, die Rennstrecke Bern – Thun zu kreuzen, um anschließend bei Steffisburg in Richtung Emmental zu fahren. Natürlich gibt es hier auch die Möglichkeit, in die Berner-Oberland-Runde (Tour 13) einzusteigen oder der Tour 15 am Thuner See entlang nach Grindelwald zu folgen.

Von Steffisburg an verläuft unsere Route ruhig und bequem auf absolut motorradtauglichen Straßen bis nach Wiggen. Leicht geschwungen, leicht hügelig – so macht

Günstige Übernachtung
Golf-Hotel René Capt
Bon Port 35
Montreux
Tel. 021/9634631

Hotel des Alpes Vaudoises
Rue de Bugnon
Glion
Tel. 021/9632076

Hostellerie de Caux
Caux
Tel. 021/9637608

De Sonloup
Col de Sonloup
Les Avants
Tel. 021/9643431

Hotel du Parc
Mont-Pèlerin oberhalb von Vevey
Tel. 021/9212322

Hotel
Bad Schwarzsee
Tel. 026/4121104

Hotel Gurnigelbad
Gurnigel-Rüti
Tel. 031/8090077

Gasthof Emmental
Bernstraße 2
Thun
Tel. 033/2220120

Von oben gesehen –
wie hier bei Glion –
sieht der Genfer See
noch schöner aus

das Fahren Spaß, denn man kommt voran, ohne auf eine schöne Umgebung verzichten zu müssen. Der Schallenbergpass ist mit seinen 1167 Metern zwar nicht sonderlich hoch, bietet aber noch einmal ein paar nette Kurven. Ab Wiggen, wo wir auf die Straße 10 treffen, wird die Straße breiter und ein wenig langweilig. Um nicht auch noch auf der vierspurig ausgebauten Straße nach Luzern hineinzurollen, wählen wir in Wolhusen den Abzweig nach Ruswil. Damit schiebt man den Großstadtverkehr noch einen Augenblick länger auf. Doch ist erst die Straße 2 erreicht, nimmt die Verkehrsdichte enorm zu. Das Roadbook endet kurz vor dem Ortsschild von Luzern am Abzweig zur Autobahn. Wer durch die Stadt will, um den Anschluss an Tour 18 in Küssnacht zu erreichen, braucht nur den Schildern in Richtung Innenstadt zu folgen und muss dann am Seeufer bleiben.

Nr/km	Road	Position	Richtung	Information
36 0,8		Vor Jaberg	Kiesen	
37 3		Kreuzung Schnellstraße	Bern, Thun	
38 0,4		Oppligen, Kreuzung 6	6 Thun	Anschluss von Tour 15
39 4,5	6	Steffisburg	Steffisburg, Schallenberg	Anschluss Tour 15 nach Interlaken; Gasthof Emmental, Bernstr. 2, Thun, Tel. 0 33/2 22 01 20
40 1		Steffisburg	Schallenberg, Luzern	
41 0,6		Steffisburg	Schallenberg, Luzern	
42 14		Oberei Süderen	Luzern	
43 5		Schallenberg-pass 1167 m		
44 2		Abzweig Langnau	Luzern	
45 5		Schangnau	Luzern	
46 10		Wiggen	10 Luzern	
47 10	10	Schüpfheim	Luzern	Anschluss von Tour 9
48 17	10	Wolhusen	Luzern	
49 1,2	10	Wolhusen	Ruswil	
50 5		Ruswil	Luzern	
51 10		Kreuzung 2	2 Luzern	
52 2	2	Abzweig nach Basel	Luzern Zentrum	Altstadt, Reuss-Brücken; Anschluss Tour 18 in Küssnacht

Auskunft
Office du tourisme du Canton de Vaud
60, Av. d'Ouchy
Case postale 164
CH-1000 Lausanne 6-Ouchy
Tel. 0 21/6 13 26 26
Fax 0 21/6 13 26 00

Montreux Tourisme
Av. du Théâtre 5
CH-1820 Montreux
Tel. 0 21/9 62 84 84
Fax 0 21/9 63 78 95

Berner Oberland Tourismus
Jungfraustraße 38
CH-3800 Interlaken
Tel. 0 33/8 23 03 03
Fax 0 33/8 23 03 30

Zentralschweiz Tourismus
Postfach
CH-6002 Luzern,
Tel. 0 41/3 18 41 41
Fax 0 41/3 18 41 40

Eine Runde durch das Berner Oberland – Von Bern über den Jaunpass zurück nach Bern

13

Ausgangsort
Bern-Bümpliz

Zielort
Bern

Gesamttourenlänge
160 km

Zeitbedarf
1 Tag

Anschlüsse
In Kirchenthurnen an Tour 12 nach Luzern, in Reidenbach an Tour 14, in Riaz an Tour 12 via Thun nach Luzern

Sehenswertes
Bern: historische Altstadt, Laubengänge; Bulle: Schloss; Fribourg: Altstadt, Kathedrale

Kurzbeschreibung
Liebliche Täler und ein starker Pass – diese Runde durch das Berner Oberland hält alles bereit, was die Schweiz zu einem begehrten Reiseziel für Motorradfahrer macht. Die Tagestour kann mit Tour 14 zu einem Wochenend-Trip kombiniert werden. Und die Städte Bern und Freiburg sind als Reiseziele ebenfalls attraktiv.

Im Anstieg zum Jaunpass findet sich dieser Töff-Stopp mit Gartenwirtschaft und Aussicht.

Hoch oben über der Aare erhebt sich die Altstadt von Bern. Die meisten Häuser in den Kopfsteinpflasterstraßen haben Laubengänge vor der Tür – sechs Kilometer Laubengänge sollen es sein. Auffällig auch die vielen alten Brunnen mit ihrem reichen Zierrat. „Mann kämpft mit Löwe" ist ein bekanntes Motiv, doch Bern hat mehr zu bieten: Auf dem Kindlifresser-Brunnen stopft sich doch wirklich ein Berserker kleine Kinder ins Maul, einen Vorrat an strampelnden Balgen hat er noch unter dem Arm und im Gürtel. So war das mit der Pädagogik anno dazumal: Bist du nicht artig, frisst dich der böse Mann. Dabei scheint Bern doch eher eine brave Stadt zu sein. Da fährt man hin, um den Zeitglockenturm oder das Münster zu besichtigen. Für Bern sollte man einen Extratag einplanen, in einer halben Stunde ist es nicht zu schaffen.

Aus praktischen Gründen beginnt unsere Tour an der Autobahn-Abfahrt Bern-Bümpliz im Südwesten der Bundeshauptstadt. Sie ist leicht zu finden. Die ersten vier Kilometer sind noch Stadtverkehr durch Vororte, es geht immer geradeaus in Richtung Belp, das durchgehend ausgeschildert ist. Der Abzweig nach Kehrsatz und Längenberg kommt ohne lange Vorankündi-

Motorradtouren in der Schweiz

Region: Berner Oberland
Etappe: Bern – Jaunpass – Bern
Karten: Generalkarte der Schweiz, 1:300 000, Bundesamt für Landestopographie

Nr/km	Road	Position	Richtung	Information
1		Bern, Autobahnabfahrt Bümpliz	Belp	Historische Altstadt, Laubengänge
2 / 0,8		Bern	Belp	
3 / 0,7		Bern	Belp	Hier auch Tourende
4 / 4		Bern	Kehrsatz, Längenberg	
5 / 1		Kehrsatz	Längenberg	
6 / 1,5		Kehrsatz	Rüeggisberg, Winzenried	
7 / 7		Abzweig Rüeggisberg	Riggisberg	
8 / 5		Riggisberg	Thun	
9 / 2		Abzweig Bern	Thun	
10 / 1		Kirchenthurnen	V Thun	Anschluss Tour 12 nach Luzern V
11 / 4		Burgistein-Station	Wattenwil	
12 / 2,5		Wattenwil	Zweisimmen, Interlaken	
13 / 4		Blumenstein	Zweisimmen	
14 / 11		Reutigen	Zweisimmen	Seegarten-Marina, Schachenstr. 3, Spiez, Tel. 0 33 / 6 55 67 67
15 / 2		Brödhüsi	Zweisimmen	
16 / 23		Reidenbach	V Jaunpass, Bulle	Anschluss an Tour 14 V Nach 4 km Restaurant Eschihalten, jeden Do Treff Biker
17 / 8		Passhöhe Jaunpass 1508 m		

gung dort, wo man zum ersten Mal die Stadt verlässt. Man landet auf einer Parallelstraße zur Ausfallstraße nach Belp, die unten im Tal verläuft, während wir oberhalb durch Obstgärten und Weiden fahren. Vorsicht für Nicht-Schweizer: Rüeggisberg und Riggisberg sind zwei verschiedene Orte, und wir fahren zuerst in Richtung Rüeggisberg und dann nach Riggisberg. An der Kreuzung in Riggisberg kommt uns von gegenüber die Tour 12 entgegen, die hier vom Gurnigelpass herabführt. Wer mag und Zeit hat, kann ja einen kurzen Abstecher hinauf zum Berghaus machen, wo sich vor allen an Wochenenden die einheimischen Motorradfahrer treffen.

Unsere Tour führt jedoch nach links in Tal hinab, wo sie kurz auf der Hauptstraße Richtung Thun verläuft, aber in der abknickenden Vorfahrt von Burgistein-Station (beim Kawasaki-Händler) geradeaus ins Stockental führt. Auch hier bestimmen gepflegte Bauernhöfe, Obstbäume, Wiesen und Weiden das beschauliche Bild – zumindest optisch eine heile Welt.

Der Jaunpass ist eine beliebte Motorradstrecke im Berner Oberland.

Mit der Idylle ist natürlich Schluss, wenn Kühe über die Straße stürmen oder der Traktor massenhaft Heu auf der Straße verliert.

Oberhalb von Spiez, das wir nicht anfahren, knickt die Tour nach rechts ins Simmental ab. Gut zwanzig Kilometer geht es durch das enge Tal, begleitet von der rauschenden Simme und der Bahnstrecke. Im Fluss werden übrigens regelmäßig Rafting-Touren angeboten. Per Gummifloß geht es in wilder Fahrt die Simme hinab. Dort, wo sich das Tal weitet, tauchen die Gipfel auf. Und mit dem Abzweig zum Jaunpass in Reidenbach fängt der Spaß erst richtig an. Die Ostseite des Passes ist schmal, teilweise sogar nur einspurig, und führt in weiten Schwüngen über Almwiesen hoch. Das Schild „Töff-Stopp“ – in der Schweiz werden Motorräder allen Ernstes „Töff“ genannt, was im Bundesdeutschen ja eher lächerlich klingt – bewegt mich zum Bremsen am Restaurant Eschihalten, wo man nicht nur einen schönen Blick ins Tal hat, sondern auch zu moderaten Preisen ordentlich isst.

Auf der Passhöhe, die mit 1508 Metern alpiner wirkt, als sie ist, liegen ein Campingplatz und ein Restaurant, die Beliebtheit der Strecke ist an den vielen Töffs auf dem Parkplatz abzulesen. Von der Westrampe hat man einen formidablen Blick auf drohend gezackte Zinnen. Mit 14 Prozent Gefälle geht es teilweise zu Tal, der Höhenunterschied zwischen Pass und Bulle beträgt über 700 Meter. In Châtel gibt es eine Möglichkeit, nach Corbières abzukürzen, das auf Tour 12 hinter Bulle auf dem Weg zum Gurnigelpass liegt. Bulle hat zwar ein paar schöne Bürgerhäuser und ein Schloss vorzuweisen, ist aber insgesamt keine schöne Stadt. Da lohnt sich das nahe Gruyères (siehe Tour 14) schon eher für einen Bummel durch die Gassen.

13 Von Bern über den Jaunpass zurück nach Bern

Nr/km	Road	Position	Richtung	Information
18 21		Einmündung 11	11 Bulle, Fribourg	
19 2	11	Bulle	12 Fribourg, Bern	Hotel du Tonnelier, Grand-Rue 31, Bulle, Tel 0 26 / 9 12 77 45
20 1	12	Bulle	Fribourg, Bern	Schloss
21 1,5	12	Kreuzung Autobahn	Fribourg, Bern	
22 1	12	Riaz	Fribourg, Bern V	Anschluss Tour 12 in Richtung Thun und Luzern V
23 11	12	Abzweig zur Autobahn	Fribourg, Bern	
24 10	12	Abzweig Marly	Zentrum	
25 1	12	Fribourg	Bern	
26 0,3	12	Fribourg	Bern, Murten	Altstadt, Kathedrale
27 0,2	12	Fribourg	Bern, Murten	
28 0,5	12	Fribourg	Bern	
29 0,6	12	Fribourg	Schwarzsee, Tafers	
30 1		Fribourg	Schwarzsee, Tafers	
31 3,5		Tafers	Schwarzenberg	Hotel Taverna, Freiburgerstraße, Tafers, Tel. 0 26 / 4 94 53 13
32 0,05		Tafers	Schwarzenberg	
33 12		Schwarzenberg	Bern	
34 16		Köniz	Bern	Hotel Sternen, Schwarzenburgstr. 279, Köniz, Tel. 0 31 / 9 71 02 18
35 1,5		Bern		

Hinter Bulle hat man in Riaz die Wahl: Entweder über Fribourg dieser Tour folgen, die zurück nach Bern führt, oder noch ein wenig mehr Bergluft schnuppern und Tour 12 in Richtung Gurnigel und Thun folgen. In Riggisberg (siehe oben) trifft man wieder auf Tour 13, die in umgekehrter Folge nach Bern zurückführt. Dass ist vor allem für diejenigen eine Alternative, die kein Interesse an Städtebesichtigungen haben. Diese Tour verläuft nämlich mitten durch das sehenswerte Fribourg, das auf der deutsch-französischen Sprachgrenze liegt. Vor allem die Altstadt verdient einen ausführlichen Bummel. Das Murtentor von 1414, die Kathedrale aus dem 14. Jahrhundert und das Rathaus von 1501 sowie das Franziskanerkloster, das bereits 1250 gegründet wurde, zählen zu den Attraktionen Fribourgs. Die Verkehrsführung durch die City ist trotz der zahlreichen Positionen im Roadbook relativ übersichtlich.

Das letzte Stück dieser Tour zieht sich über Tafers zum Sensengraben, eine schöne Motorradstrecke. Einerseits ist hier nicht viel Verkehr, andererseits verläuft die Straße abwechslungsreich und kurvig durch Täler und über kleine Höhenzüge. Angenehmes Cruisen ist hier angesagt, wie man es gern zum Ausklang einer gemütlichen Sonntagsausfahrt hat. Erst auf den letzten Kilometern bei Köniz merkt man überhaupt, dass mit Bern eine Großstadt in der Nähe ist. Die Tour endet auf der Straße, die von der Autobahn bei Bern-Bümpliz nach Belp führt, so dass sich der Kreis wieder schließt.

In Bern, der Hauptstadt der Schweiz, finden sich viele reich verzierte Brunnen.

Günstige Übernachtung
Seegarten-Marina
Schachenstraße 3
Spiez
Tel. 0 33 / 6 55 67 67

Hotel du Tonnelier
Grand-Rue 31
Bulle
Tel. 0 26 / 9 12 77 45

Hotel Taverna
Freiburgerstraße
Tafers
Tel. 0 26 / 4 94 53 13

Hotel Sternen
Schwarzenburgstraße 279
Köniz
Tel. 0 31 / 9 71 02 18

Auskunft
Bern Tourismus
Postfach
CH-3001 Bern
Tel. 0 31 / 3 28 12 28
Fax 0 31 / 3 11 12 22

Berner Oberland Tourismus
Jungfraustraße 38
CH-3800 Interlaken
Tel. 0 33 / 8 23 03 03
Fax 0 33 / 8 23 03 30

Union fribourgeoise du tourisme
Case postale 921
CH-1701 Fribourg
Tel. 0 26 / 9 15 92 92
Fax 0 26 / 9 15 92 99

14 Die Pässe zum Genfer See – Vom Berner Oberland über das Rhônetal nach Bulle

Ausgangsort
Reidenbach

Zielort
Bulle

Gesamttourenlänge
140 km

Zeitbedarf
1/2 Tag

Anschlüsse
In Reidenbach von Tour 13, in Aigle an Tour 11, in Bulle an Tour 13

Pässe geschlossen
Col de la Croix XI – V

Sehenswertes
Aigle: Schweizerisches Weinmuseum; Gruyères: Schaukäserei; Bulle: Schloss

Kurzbeschreibung
Die Tour hat zwei Funktionen: Sie dient als Erweiterung für Tour 13 zur großen Wochenendtour. Gleichzeitig kann man sie auch in Kombination mit Tour 13 und Tour 11 als Zubringer zum Genfer See fahren. Mit dem Col du Pillon, dem Col de la Croix und dem Col des Mosses sind drei mittlere Pässe vertreten, die sich gut fahren lassen.

Dort, wo in Reidenbach die Tour 13 rechts zum Jaunpass abzweigt, fahren wir parallel zur Bahnstrecke geradeaus weiter nach Zweisimmen, dem Endbahnhof der MOB, die von Montreux über die Berge kommt. Wer mag, kann einen kurzen Abstecher in das idyllische Obere Simmental nach Lenk machen. Als Nächstes nähern wir uns dem Nobel-Wintersportort Gstaad. Auffälligstes Hotel der Stadt ist das wirklich palastähnliche Gstaad Palace, ein Fünf-Sterne-Haus aus den Kindertagen des Bergtourismus. Im Winter kostet das Doppelzimmer ab 760 Franken, im Sommer ist es schon ab 450 Franken zu bekommen... Die Preisgestaltung scheint auf die anderen Hotels abgefärbt zu haben, unter 180 Franken für ein Doppelzimmer läuft hier wenig. Das

Der Col de la Croix verbindet das Berner Oberland und das Rhônetal auf angenehmste Weise.

Château-d'Oex, das Zentrum der Ballonfahrer, lohnt einen Abstecher.

ist, bei allem Respekt für Tradition und Qualität, überteuert, aber es scheint ja genügend Leute zu geben, die das bezahlen.

Wir fahren lieber weiter, den Col du Pillon (1546 Meter) hinauf. Das Panorama der schneebedeckten Gipfel im Süden ist beeindruckend: Um die 3000 Meter hoch liegen die Gipfel von Sanetschhorn, Oldenhorn und Tête Ronde. Am Ortseingang von Les Diablerets – wir haben inzwischen die Sprachgrenze überschritten – zweigt links ohne Ankündigung die schmale Straße zum Col de la Croix hinauf ab. Wer eine Pause machen will, findet in Les Diablerets zahlreiche Restaurants. Fast alle bieten die Spezialität der Region an: Käsefondue gibt es von hier bis nach Gruyères in allen Variationen.

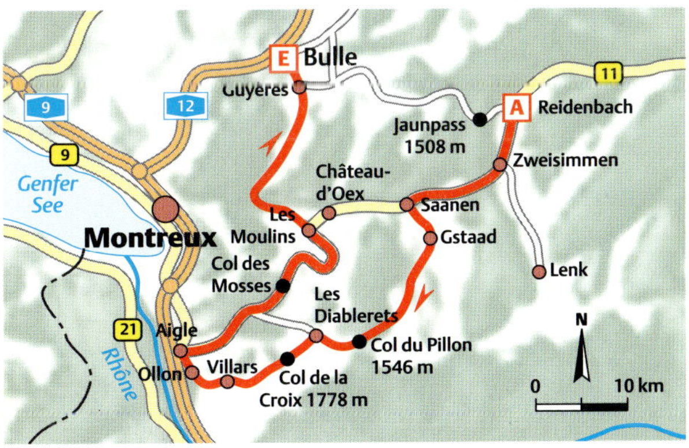

Der Col de la Croix zählt zu den weniger bekannten Pässen, zu Unrecht, wie ich finde. Die Aussicht ist herrlich, die Straßenführung von mittlerem Schwierigkeitsgrad, außerdem ist hier oben wenig los. Oben, an dem Schotterparkplatz in 1778 Meter Höhe, gibt's nur eine kleine Bude mit Andenken und Er-

Motorradtouren in der Schweiz

Region: Berner Oberland, Rhônetal
Etappe: Reidenbach/Simmental – Gruyères, Bulle
Karten: Generalkarte der Schweiz, 1:300 000, Bundesamt für Landestopographie

Nr/km	Road	Position	Richtung	Information
1	11	Reidenbach	Zweisimmen	Anschluss von Tour 13
2 / 8	11	Zweisimmen	A Gstaad	Lenk Hotel zum Gade, Marktplatz, Lenk, Tel. 0 33 / 7 33 22 33 Berghotel Sparenmoos, 8 km von Zweisimmen, Tel. 0 33 / 7 22 22 34 A
3 / 14	11	Saanen, Abzweig Château-d'Oex	Gstaad	
4 / 2		Gstaad	Gsteig, Aigle	
5 / 18		Passhöhe Col du Pillon, 1546 m		
6 / 4		Les Diablerets	Villars, Col de la Croix	Abzweig kommt ohne Vorankündigung
7 / 9		Passhöhe Col de la Croix, 1778 m		
8 / 9		Villars	Aigle	
9 / 0,2		Villars	Aigle	Hotel du Cerf, Rue Centrale, Chesières-Villars, Tel. 0 42 / 4 95 27 15
10 / 12		Ollon	9 Aigle	
11 / 0,8	9	Abzweig Aigle	V Aigle, Les Mosses	Anschluss Tour 11 nach Montreux V
12 / 1,5		Aigle	Les Mosses, Lausanne, Leysin	Schweizerisches Weinmuseum
13 / 0,4		Aigle	Les Mosses, Lausanne, Leysin	
14 / 0,1		Aigle	11 Les Mosses, Leysin	
15 / 13	11	Abzweig Les Diablerets	Bulle, Les Mosses	
16 / 20	11	Abzweig Château-d'Oex	Bulle, Les Mosses	Hotel Ermitage, Le petit Pré, Château-d'Oex, Tel. 0 26 / 9 24 60 03
17 / 1,5	11	Les Moulins	Bulle, Rossinière	Vorsicht in Montbovon, Schienen längs zur Straße!

frischungen. Was für mich den Col de la Croix so interessant macht, sind die beiden völlig unterschiedlichen Seiten. Die Nordseite nach Les Diablerets hin mutet alpin an; dagegen präsentiert sich die Südseite schnell als sonnige Weinbauregion. Außerdem geht es auf zwanzig Kilometer Länge über 1300 Meter ins Tal hinunter. Da ist manch schöne Kurve dabei. Villars, das mit herrlicher Aussicht über das Rhônetal am Hang liegt, ist schon ein Winzerdorf, anschließend verläuft die Strecke ständig durch Weingärten hindurch. Während der Lesezeit ist hier ein wenig Vorsicht angesagt, denn ausgelaufener Traubensaft kann rutschig sein!

Bei Ollon treffen wir auf die Tour 11, die von Brig nach Montreux führt. Ein kurzes Stück verlaufen die Touren nebeneinander, dann biegen wir nach Aigle ab, wo sich das Schweizerische Weinmuseum befindet. Wer Lust auf die klassische Atmosphäre am Genfer See hat, kann geradeaus über Montreux fahren und via Tour 12 in Bulle wieder auf Tour 13 stoßen. So lassen sich die Rundtouren 13 und 14 um einen weiteren Schlenker erweitern.

Wir aber gehen jetzt auf der gut ausgebauten Straße 11 wieder hinauf in die Berge. Lange Serpentinen lassen sich flott fahren, bis zu zwölf Prozent Steigung stehen an. Der Col des Mosses (1445 Meter) läuft fast zu breit, um als Pass erkannt zu werden, die Abfahrt hinab

Es muss ja nicht immer die Pommes-Bude sein: Erfrischung am Dorfbrunnen.

HARLEY-
DAVIDSON

Nr/km	Road	Position	Richtung	Information
18 22	11	Gruyères	Fribourg, Bulle, Jaun	Schaukäserei
19 0,2	11	Gruyères	Fribourg par Bulle	Hotellerie St-Georges, Gruyères, Tel. 0 26 / 9 21 83 00
20 1,5	11	Abzweig Jaunpass		Anschluss an Tour 13 Richtung Bulle, Fribourg, Bern

nach Château-d'Oex ist in einigen Passagen dunkel und feucht. Château-d'Oex ist das Zentrum der Ballonfahrer, die sich hier einmal im Jahr zu einem bunten Spektakel am Himmel versammeln. Das ganze Jahr über jedoch werden Mitfahrmöglichkeiten angeboten.

Wir biegen links in das Tal Haute Gruyère ein und treffen wieder auf die private Bahnlinie nach Montreux. In Montbovon verlaufen die Gleise auf der Straße in Längsrichtung. Kommt ein Zug, wird die Straße per Ampel gesperrt. Es ist schon ein merkwürdiger Anblick, wenn einem eine Lok auf der Fahrbahn entgegenkommt. Im Tal der Saane nähern wir uns nun dem Dorf Gruyères, das der Gegend und einem leckeren Käse den Namen gab. Die Viehwirtschaft ist übrigens auf der gesamten Strecke von Château-d'Oex bis Gruyères hautnah zu beobachten. Es ist nicht unwahrscheinlich, dass man früher oder später eine Kuhherde passieren lassen muss. Gruyères selbst ist von Stadtmauern umgeben, im örtlichen Schloss befindet sich ein Museum. Wie der Käse entsteht, zeigt eine Schaukäserei. Noch knappe zwei Kilometer sind es bis zu der Einmündung, wo die Tour 13 vom Jaunpass kommt. Ab hier kann man mit der Tour 13 die Fahrt ins nahe Bulle fortsetzen.

Günstige Übernachtung

Hotel zum Gade
Marktplatz
Lenk
Tel. 033/7332233

Berghotel Sparenmoos
8 km von Zweisimmen
Tel. 033/7222234

Hotel du Cerf
Rue Centrale
Chesières-Villars
Tel. 042/4952715

Hotel Ermitage
Le petit Pré
Château-d'Oex
Tel. 026/9246003

Hostellerie St-Georges
Gruyères
Tel. 026/9218300

Hotel du Tonnelier
Grand-Rue 31
Bulle
Tel. 026/9127745

Auskunft

Berner Oberland
Tourismus
Jungfraustraße 38
CH-3800 Interlaken
Tel. 033/8230303
Fax 033/8230330

Office du tourisme
du Canton de Vaud
60, Av. d'Ouchy
Case postale 164
CH-1000 Lausanne 6-Ouchy
Tel. 021/6132626
Fax 021/6132600

Union fribourgeoise
du tourisme
Case postale 921
CH-1701 Fribourg
Tel. 026/9159292
Fax 026/9159299

Mittendrin statt nur dabei: Wo Kühe über die Straßen getrieben werden, wird man als Biker unfreiwillig zum Cowboy.

Vom Norden ins Berner Oberland – Von Basel nach Grindelwald

15

Wer über die Autobahn nach Basel hinein kommt, sieht zunächst einmal nur Industriegebiet an Industriegebiet, verbunden durch Autobahnen. Man muss aufmerksam die Schilder beobachten, um den Abzweig nach Delémont nicht zu verpassen. Es folgt eine hundsenge Autobahnkurve, in der die beiden Spuren zu einer zusammengeführt werden. Dann braucht man nur noch geradeaus den Schildern Richtung Reinach und Delémont folgen, um nach Zwingen zu kommen. Die Straße 18 führt durch das Dorf, wo es links nach Passwang abgeht. Bis auf 924 Meter fahren wir hinauf, und etwa auf der Passhöhe – sie ist nicht gekennzeichnet – biegt die Straße ohne Vorwarnung scharf nach rechts in einen Tunnel hinein.

Ausgangsort
Zwingen

Zielort
Grindelwald

Gesamttourenlänge
220 km

Zeitbedarf
1 Tag

Anschluss
An Tour 12 in Steffisburg, an Tour 13 via Spiez

Sehenswertes
Solothurn: Stadttore, Altes Zeughaus, Rathaus;
Thun: Altstadt

Kurzbeschreibung
Diese Zubringerstrecke lässt sich in drei Abschnitte einteilen. Zunächst geht es auf schönen, aber teilweise sehr schmalen Straßen durch den Jura in Richtung Solothurn. Das Mittelstück über Burgdorf ist landschaftlich wie fahrerisch nicht sonderlich anspruchsvoll. Dafür entschädigt die Panoramastraße oberhalb des Thuner Sees mit abwechslungsreichen Kurven und tollen Ausblicken über den See. Die letzten Kilometer sind geprägt vom Bergpanorama.

Bei Passwang hat man schon die erste Anhöhe hinter sich.

15 Motorradtouren in der Schweiz

Region: Jura, Berner Oberland
Etappe: Basel – Grindelwald
Karten: Generalkarte der Schweiz, 1:300 000, Bundesamt für Landestopographie

Nr	km	Road	Position	Richtung	Information
1		18	Zwingen	links: Breitenbach, Passwang	Gasthaus zur Sonne, Untere Kirchgasse 1, Aesch, Tel. 0 61 / 7 51 17 72
2	4		Breitenbach	geradeaus: Passwang	
3	15				Unübersichtlich, Tunnel nach rechts !
4	3		Abzweig Scheltenpass	rechts: Schelten	
5	6		Passhöhe Scheltenpass 1051 m		
6	17		Vicques	links: Moutier	
7	3		Courrendlin	links: 6 Moutier	
8	8	6	Moutier	rechts: 6 30 Biel	
9	1	6 30	Moutier	Kreisel: 6 30 Biel	
10	7	6 30	Court	links: Montoz	
11	0,1		Court	links: Montoz, Granges	
12	0,2		Court	rechts: Montoz, Granges	
13	6		Restaurant Harzer	links: Grenchen	
14	16		Grenchen	rechts: Zentrum	
15	0,4		Grenchen	links: Solothurn	
16	0,4		Grenchen	links: Solothurn	Hotel Krebs, Bettlacherstr. 29, Grenchen, Tel. 0 32 / 6 52 29 52
17	0,1		Grenchen	rechts: Solothurn	

Schöne, weite Kurven ziehen den Berg hinab, wo es unten im Tal nach rechts zum Scheltenpass abgeht. Kühe weiden rechts und der Bach plätschert links, Glocken läuten, sonst gibt es hier nichts. Die einspurige Straße scheint durch eine touristenfreie Zone zu führen. Obwohl der Weg so schmal ist, lässt er sich gut fahren. Laubwald und Wiesen wechseln sich ab, ein paar abgeschiedene Höfe tauchen auf. Mit dem Scheltenpass, der über 1000 Meter hoch sein soll – man merkt es nicht so richtig –, wird auch die Sprachgrenze überschritten: Jenseits wird Französisch gesprochen. La Scheulte heißt der Fluss, der sich auf der französischen Seite neben der Straße entlang schlängelt. Bei Vicques öffnet sich das Tal zu einer fruchtbaren Ebene. Wenig bis kein Verkehr, Wechsel zwischen Laubwald und Wiesen, dazu die kleine Schlucht und das Flüsschen: Diese wenig bekannte Route ist nicht nur idyllisch, sondern auch angenehm zu fahren.

Die Hauptstraße, die von Delémont über Moutier nach Biel führt, ist gut ausgebaut. Sie zieht sich zwischen Courrendlin und Moutier durch ein enges Tal, fast schon eine Schlucht. Hier kann man die Maschine gut laufen lassen, doch ab Court wird es lustig: Die Pass-Strecke hinüber nach Grenchen ist ein besserer landwirtschaftlicher Weg, asphaltiert, aber einspurig. Um es ganz klar zu sagen: Man muss solche Routen mögen. Fahrer schneller Maschinen werden hier nicht glücklich – dieser Abschnitt ist für Entdecker, Endurofahrer und Tourer, die Lust haben, abseits der gängigen

Streckenführungen auch mal was anderes zu sehen.

Schon die Ausschilderung in Court muss man mit der Lupe suchen, es steht nur Montoz auf den Wegweisern. Einspurig geht es durch Laubwald den Weissenstein hinauf, immer wieder kann man zurück ins Tal schauen. Pré Richard Hauser ist von einer Wolke eingehüllt; dem Schild nach zu urteilen, handelt es sich um ein Restaurant. Offensichtlich kehren hier Wanderer gern ein: An der Weggabelung sind die Entfernungen nur noch in Stunden angegeben – zu Fuß, versteht sich. Die Straße führt direkt auf einen Bauernhof. Ein Esel steht im Weg und muss zur Seite komplimentiert werden, ein Kind guckt dem Motorrad nach, als wäre ein UFO gelandet. Trotz aller Zweifel: Dies ist eine öffentliche Straße, auch wenn ein Gatter geöffnet und wieder geschlossen werden muss. Die Kühe glotzen den motorisierten Besucher erstaunt an. Dass der Weg genutzt wird, zeigen auch die beiden folgenden Restaurants. Nach Grenchen hin wird es wieder zweispurig, Normalität kehrt ein. Zwan-

Der Scheltenpass ist kaum bekannt. Doch immerhin: Auf der anderen Seite des Passes wird schon Französisch gesprochen.

Nr/km	Road	Position	Richtung	Information
18 / 0,5		Grenchen	5 Solothurn	
19 / 10	5	Solothurn	Transit	
20 / 0,8	5	Solothurn	12 22 Bern, Lyss	
21 / 0,6	5 12 22	Solothurn Hbf.	Bern, Lyss	Stadttore, Altes Zeughaus, Rathaus
22 / 0,3	12 22	Solothurn	Bern	Abzweig in Bahnunterführung !
23 / 0,4	12	Solothurn	Bern	
24 / 10	12	Bätterkinden	Burgdorf, Zürich	
25 / 2		Utzenstorf	Burgdorf	
26 / 5		Kirchberg	1 Burgdorf	
27 / 0,1	1	Kirchberg	Burgdorf	Hotel Sonne, Hauptstraße 19, Kirchberg, Tel. 0 34 / 4 45 32 88
28 / 1	1	Kirchberg	23 Burgdorf	
29 / 4	23	Burgdorf	Langnau, Thun	
30 / 0,3	23	Burgdorf	Langnau, Thun	
31 / 1,5	23	Burgdorf	Langnau, Thun	
32 / 2	23	Oberburg	Langnau, Thun	
33 / 4	23	Hasle	Thun	
34 / 10		Abzweig Bern	Thun, Biglen	
35 / 3		Grosshöch-stetten	Thun	

zig Kilometer Schweiz pur – ich mag solche Strecken, gebe aber gern zu, dass das nun wirklich Geschmackssache ist. Alternativen zu dem Bergtrip gibt es nicht viele, um von Moutier nach Solothurn zu kommen. Man könnte der Straße 6 weiter folgen, bis sie bei Nidau auf die 5 trifft.

Bei Solothurn, das hübsch an der Aare liegt, beginnt fahrerisch so etwas wie die Durststrecke dieser Tour. Die Bundesstraßen sind stark befahren, zahlreiche Ortschaften hemmen den Fahrspaß. Besonders Burgdorf präsentiert sich als Nadelöhr, doch Ausweichmöglichkeiten sind rar. Entweder fährt man gleich über die Bundeshauptstadt Bern, oder man nimmt die Autobahn. An Bern vorbei gibt es jedenfalls kaum Alternativen, doch ab Hasle kommt man wieder besser voran. Als kleine Entschädigung können Stopps in Solothurn oder in Thun dienen, denn beide Städte haben hübsche Innenstädte mit netten Cafés, und dazwischen bieten sich ohnehin nicht sonderlich viele Plätze für eine Rast an.

Von Oppligen bis Steffisburg folgen die Touren 15 und 12 der gleichen Strecke. Die Durchfahrt durch Thun ist manchmal ein wenig zäh, aber man findet hier zumindest mal wieder eine größere Tankstelle, an der es keine Probleme mit der Kreditkarte gibt.

Hinter Thun entschädigt der Thuner See für die magere Kost zwischendrin: Reizvoller kann eine Straße kaum verlaufen als die zwischen Thun und Interlaken. Wichtig ist aber, dass man in Thun nicht den Schildern nach Interlaken Richtung Autobahn folgt, sondern die Route über Gunten wählt. Wer den Schildern nach Interlaken folgt, landet nämlich auf dem westlichen Ufer des Thuner Sees.

Zunächst schlängelt sich die Straße direkt am See entlang, um anschließend hinauf zu klettern zu den Beatushöhlen. Es fällt schwer, sich zwischen dem Kurvenspaß mit voller Konzentration auf die Straße

Nr/km	Road	Position	Richtung	Information
36 0,5		Grosshöchstetten	Thun	
37 12		Kreuzung 6	Thun	Anschluss von Tour 12
38 0,5	6	Oppligen, Abzweig Autobahn	Thun, Interlaken	
39 4,5	6	Steffisburg	V Thun	Anschluss Tour 12 nach Luzern V
40 2	6	Thun	Interlaken, Gunten	Gasthaus Emmental, Bernstr. 2, Thun, Tel. 0 33 / 2 22 01 20
41 0,3		Thun	Interlaken, Gunten	Altstadt
42 0,6		Thun	Interlaken, Gunten	
43 20		Abzweig Interlaken	Unterseen, Interlaken-West	
44 2		Interlaken	Transit	Hotel Bellevue, Marktgasse 59, Interlaken, Tel. 0 33 / 8 22 44 31
45 0,7		Interlaken	Grindelwald	
46 0,5		Interlaken	Grindelwald	Kreuzung Tour 19
47 8		Zweilütschinen Abzweig Grindelwald	Grindelwald	
48 12		Grindelwald		Hotel Sonnenberg, Grindelwald, Tel. 0 33 / 8 53 10 15

Idyllisch verläuft die Schelte, französisch La Scheulte, durch das Val Terbi nach Delémont.

und dem Genießen des Ausblicks zu entscheiden. Glücklicherweise gibt es einige Möglichkeiten zum Anhalten, wo man sich der Aussicht hingeben kann. Das Bergpanorama der Zweitausender am gegenüberliegenden Seeufer ist mehr als einen Stopp wert.

Interlaken wirkt verkehrsmäßig leicht chaotisch. Trotz Umgehungsstraße ist der Ort immer voll. Wer Unterkunft sucht, wird hier und in der näheren Umgebung fündig – es gibt zahlreiche Hotels und Gasthöfe zwischen Interlaken und Brienz. In Interlaken muss man sich ohnehin entscheiden: Wer weiter will, kann die Runde um den Thuner See fortsetzen bis nach Spiez, wo Anschluss an Tour 13 durch das Berner Oberland besteht. Oder man fährt die Tour bis nach Grindelwald direkt in die Berge. An die 4000 Meter hoch sind die Gipfel – Eiger, Mönch und Jungfrau – rundherum, Gletscher künden vom ewigen Eis.

In Grindelwald lohnt sich ein Ausflug mit der Bahn auf die Kleine Scheidegg, direkt unter die berühmte Eiger-Nordwand.

Günstige Übernachtung
Gasthaus zur Sonne
Untere Kirchgasse 1
Aesch, Tel. 061/7511772

Hotel Krebs
Bettlacherstraße 29
Grenchen
Tel. 032/6522952

Hotel Sonne
Hauptstraße 19
Kirchberg
Tel. 034/4453288

Gasthof Emmental
Bernstraße 2
Thun
Tel. 033/2220120

Hotel Bellevue
Marktgasse 59
Interlaken
Tel. 033/8224431

Hotel Sonnenberg
Grindelwald
Tel. 033/8531015

Auskunft
Basel Tourismus
Schifflände 5
CH-4001 Basel
Tel. 061/2686868
Fax 061/2686870

Bern Tourismus
Postfach
CH-3001 Bern
Tel. 031/3281228
Fax 031/3111222

Berner Oberland Tourismus
Jungfraustraße 38
CH-3800 Interlaken
Tel. 033/8230303
Fax 033/8230330

An der französischen Grenze entlang – Von Basel nach Lausanne

16

Unser Ausgangspunkt Aesch ist gut über die autobahnähnlich ausgebaute Straße von Basel in Richtung Delémont zu erreichen. Wer nicht noch auf der (billigeren) deutschen Seite der Grenze übernachtet hat, findet in Aesch mit dem Gasthaus zur Sonne ein Hotel mit modernen, sehr schönen Zimmern und ein Restaurant mit mexikanischen Spezialitäten vor. Von Aesch aus geht es nach Westen über Ettingen nach Bättwil kurz vor der französischen Grenze, wobei die Route in Ettingen einmal kurz nach rechts verschwenkt. Noch befinden wir uns im

Ausgangsort
Aesch

Zielort
Lausanne

Gesamttourenlänge
225 km

Zeitbedarf
1 Tag

Anschlüsse
In Fleurier Kreuzung mit Tour 17, in Morges Tour 17 für Rückfahrt

Sehenswertes
La Chaux-de-Fonds: Uhrenmuseum; Lausanne: Altstadt mit Burg

Kurzbeschreibung
Wer stressfrei über Landstraßen Richtung Süden bummeln möchte, ist auf diesen einsamen, aber gut ausgebauten Strecken richtig. Die liebliche Landschaft erinnert an die Vogesen; Hochebenen, Felder und Wälder wechseln sich mit weiten Tälern ab. Trotz ihrer Länge ist die Tour an einem Tag zu schaffen. Einziger Nachteil der Einsamkeit: Einkehrmöglichkeiten sind rar.

Auf den ruhigen Landstraßen im französisch-schweizerischen Grenzgebiet lässt es sich wunderbar cruisen.

Motorradtouren in der Schweiz
Region: Jura, Neuchâtel
Etappe: Basel – Lausanne
Karten: Generalkarte der Schweiz, 1:300 000, Bundesamt für Landestopographie

Nr/km	Road	Position	Richtung	Information
1		Aesch bei Basel	aus Richtung Basel: Mariastein, Flüh, Ettingen	Gasthaus zur Sonne, Untere Kirchgasse 1, Aesch, Tel. 0 61 / 751 17 72
2 5		Ettingen	Mariastein, Flüh	
3 0,1		Ettingen	Mariastein, Flüh	
4 2		Witterswil	Mariastein, Flüh	
5 1		Bättwil	Mariastein, Flüh	
6 1		Flüh	Mariastein	
7 3		Freie Strecke	Laufen	
8 9		Röschenz	Kleinlützel, Porrentruy	
9 13		Moulin Neuf	Lucelle, Porrentruy	
10 8		Lucelle, Zoll	Delémont	
11 13		Develier	6 Porrentruy, Belfort	
12 9	6	Passhöhe Col des Rangiers, 856 m		
13 0,6	6	Abzweig Glovelier	Porrentruy, Belfort	
14 0,4	6	Abzweig St. Ursanne	St. Ursanne	
15 4		Abzweig Delémont	St. Ursanne	
16 1		Abzweig St. Ursanne Centre	St. Hippolyte, Soubey	Hotel Demi-Lune, Rue Basse 2, St. Ursanne, Tel. 0 32 / 4 61 35 31
17 0,3		Nach der Brücke	Soubey	

Basler Einzugsgebiet, doch schon auf der Landstraße von Flüh nach Mariastein und Röschenz sind wir fast allein unterwegs. Die Autos, die uns begegnen, können wir an einer Hand abzählen. Die Landschaft ist abwechslungsreich, mal Felder, mal Wald, hügelig und kurvig die Straße, so dass es einem nicht langweilig wird. Zwischendrin passieren wir immer mal wieder ein Dorf.

Nach dem Abzweig in Röschenz Richtung Porrentruy überqueren wir kaum merklich die Grenze nach Frankreich. Nur ein kleines Schild markiert die Grenzlinie im einsamen Tal der Lucelle. Meine Karte tut so, als befände ich mich noch in der Deutschschweiz, und schreibt Neumühle, wo auf dem Ortsschild längst Moulin Neuf steht. Nach dem Abzweig in der Ortschaft Lucelle muss ich am Schweizer Zoll feststellen, dass man schneller aus der Schweiz raus als in sie hinein kommt. Die Frage ist immer dieselbe. „Haben Sie Waren dabei?" Nein, es gab nun wahrlich keine Möglichkeit, auf dem Weg etwas einzukaufen.

Vor Delémont biegen wir erneut rechts in Richtung der Kleinstadt Porrentruy ab, diesmal auf die Hauptstraße, die über den Col des Rangiers führt. Der Mittelgebirgspass ist 856 Meter hoch; einen Kilometer danach geht dann links die Nebenstraße nach St. Ursanne ab. Es ist der zweite Abzweig nach links, kurz zuvor geht noch eine andere Straße in spitzem Winkel ab. St. Ursanne liegt wie verwunschen in einer Schleife des Flusses Le Doubs, umgeben von Felsen und Wald. Wir überqueren den Fluss und biegen nach dreihundert Metern links nach oben in den Wald ab. Es folgt der wohl einsamste Teil dieser Tour, die 22 Kilometer lange Landstraße, die in Montfaucon in die Straße 18 mündet. Mal verläuft unser Weg auf dem Kamm mit einem weiten Blick über die Felder, mal geht es in kleinen Kurven durch den Wald den nächsten Berg hinauf. Allein von Soubey bis Montfaucon sind 500 Höhenmeter zu überwinden.

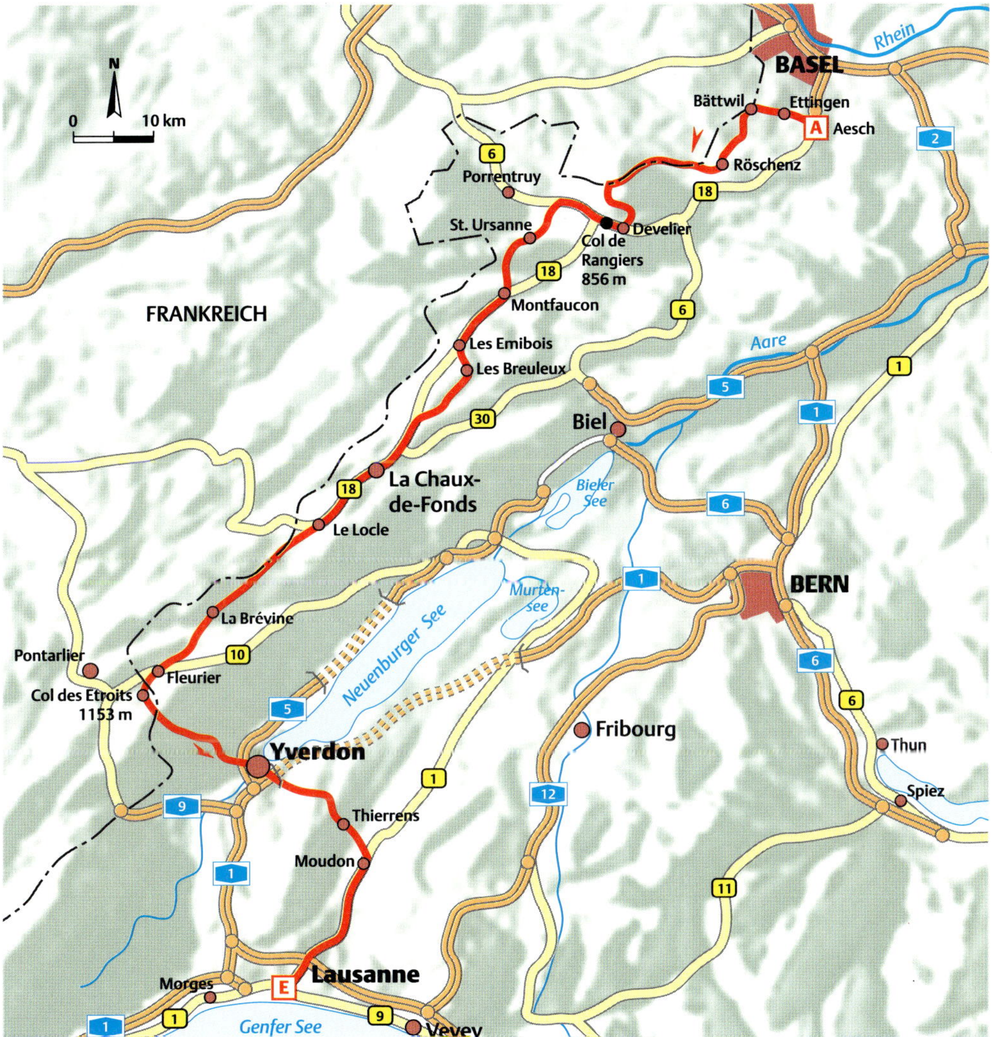

Nr/km	Road	Position	Richtung	Information
18 22		Montfaucon	18 La Chaux-de-Fonds	
19 9	18	Les Emibois	Tramelan, St. Imier, Les Breuleux	
20 4		Les Breuleux	La Chaux-de-Fonds	
21 8		Kreuzung 18	18 La Chaux-de-Fonds	
22 3	18	Kreuzung 30	La Chaux-de-Fonds	
23 5	18	La Chaux-de-Fonds	Transit	
24 0,7	18	La Chaux-de-Fonds	Le Locle	Uhrenmuseum
25 0,5	18	La Chaux-de-Fonds	Le Locle	
26 2,5	18	La Chaux-de-Fonds	20 Le Locle	2 x Kreisverkehr ineinander übergehend
27 7	20	Le Locle	Les Brenets, France	
28 1,5	20	Le Locle	Fleurier, La Brévine	
29 13		La Brévine	Fleurier	
30 13		Fleurier	10 Pontarlier	Kreuzung Tour 17
31 0,6	10	Fleurier	Ste-Croix	Hotel de L'Aigle, Grand-Rue 27, Couvet, Tel. 0 32 / 8 63 26 44
32 0,6		Fleurier	Ste-Croix	
33 12		Abzweig Pontarlier	Ste-Croix, Yverdon	Col des Etroits, 1153 m
34 18		Kreuzung Autobahn	Yverdon, Grandson	
35 1		Yverdon	5 Lausanne, Moudon	

St. Ursanne ist eine nette, etwas verschlafen wirkende Kleinstadt im Jura.

Die Straße 18 ist nicht viel stärker befahren, trotzdem machen wir einen kleinen Schlenker über die Parallelstrecke bei Les Breuleux. La Chaux-de-Fonds bildet zusammen mit dem benachbarten Le Locle das Wirtschaftszentrum in diesem Teil der Schweiz. Vor allem die Uhrenindustrie ist stark vertreten, die hier ein Uhrenmuseum eingerichtet hat. Schön sind die Orte zwar nicht, dafür gibt es aber endlich wieder Tankstellen. Als Nächstes wird es einsam, die Straße nach Fleurier führt durch die hübsche Ortschaft La Brévine, wo auf dem Dorfplatz Tische und Stühle vor dem Gasthof stehen. Die Landschaft verändert sich nicht mehr so stark wie zuvor, jetzt überwiegen Felder. Von Fleurier, das im Tal liegt, muss man über den Col des Etroits (1153 Meter), um kurvenreich nach Yverdon an die Südspitze des Lac de Neuchâtel zu kommen. Die 600 Höhenmeter werden in weit geschwungenen Serpentinen zurückgelegt, dabei öffnet sich immer wieder der Blick auf den See.

Yverdon hat eine nette Promenade am See und im Zentrum eine trutzige Burg aus dem 13. Jahrhundert, wo im 19. Jahrhundert der Pädagoge Johann Heinrich Pestalozzi wirkte. Wer es eilig hat, kann von Yverdon aus die Autobahn nach Lausanne benutzen oder die fast parallel verlaufende Straße 5. Wir machen aber zuletzt noch einen kleinen Umweg über die sanfte Hochebene bei Thierrens und gelangen so nach Moudon. Die letzten zwanzig Kilometer nach Lausanne lassen wir die Maschine auf der breit ausgebauten Straße 1 rollen. Wer nach Montreux will, um dort an Tour 12 anzuschließen, kann in Moudon die Landstraße nach Oron und Vevey wählen. Um den Anschluss an Tour 17 zu bekommen, fährt man besser das kurze Stück Autobahn bis Morges, statt sich durch den Stadtverkehr von Lausanne zu quälen.

Nr/km	Road	Position	Richtung	Information
36 / 1	5	Yverdon	Moudon, Estavayer	
37 / 0,7	5	Yverdon	Lausanne, Moudon	
38 / 0,5	5	Yverdon	Lausanne, Moudon	Motel des Bains, Av. des Bains 21, Yverdon, Tel. 0 24 / 4 26 92 81
39 / 0,2	5	Yverdon	Lausanne, Moudon	
40 / 1	5	Yverdon	Moudon V	5 Abkürzung über Echallens nach Lausanne V
41 / 16		Thierrens	Moudon	
42 / 7		Moudon	Lausanne 2 x	
43 / 0,7		Moudon	1 Lausanne	
44 / 21	1	Lausanne, Kreuzung Autobahn		Altstadt mit Burg Anschluss Tour 17 in Morges

Bei Thierrens führt die Strecke über eine Hochebene mit Obstbäumen und Feldern.

Günstige Übernachtung

Gasthaus zur Sonne
Untere Kirchgasse 1
Aesch
Tel. 0 61 / 7 51 17 72

Hotel Demi-Lune
Rue Basse 2
St. Ursanne
Tel. 0 32 / 4 61 35 31

Hotel de L'Aigle
Grand-Rue 27
Couvet
Tel. 0 32 / 8 63 26 44

Motel des Bains
Av. des Bains 21
Yverdon
Tel. 0 24/4 26 92 81

Auskunft

Basel Tourismus
Schifflände 5
CH-4001 Basel
Tel. 0 61 / 2 68 68 68
Fax 0 61 / 2 68 68 70

Jura Tourisme
Rue de la Gruère 1
CH-2350 Saignelégier
Tel. 0 32 / 9 52 19 52
Fax 0 32 / 9 52 19 55

Neuchâtel Tourismus
Hôtel des Postes
CH-2001 Neuchâtel
Tel. 0 32 / 8 89 68 90
Fax 0 32 / 8 89 62 96

Office du tourisme
du Canton de Vaud
60, Av. d'Ouchy
Case postale 164
CH-1000 Lausanne 6-Ouchy
Tel. 0 21 / 6 13 26 26
Fax 0 21 / 6 13 26 00

17 Rund um den Lac de Neuchâtel – Von Morges nach Bern

Ausgangsort
Morges

Zielort
Bern

Gesamttourenlänge
160 km

Zeitbedarf
1 Tag

Anschlüsse
In Fleurier an Tour 16 nach Lausanne, in Bern an Tour 13

Sehenswertes
Le Frambourg: Festung; Neuchâtel: Altstadt, Rathaus, Schloss; Bern: historische Altstadt, Laubengänge

Kurzbeschreibung
Von Morges geht es auf gut zu fahrenden Landstraßen über den Col du Mollendruz an den idyllischen Lac de Joux. Von dort fährt man ein Stückchen durch Frankreich, um durch das Val de Travers von oben nach Neuchâtel zu kommen. Das Teilstück durch die Tiefebene Großes Moos ist weniger attraktiv. Von Kerzers aus nimmt man dann wieder Nebenstraßen, um in die Bundesstadt zu gelangen.

Morges ist eine nette Kleinstadt am Genfer See, nicht so lärmig wie Lausanne. Zehntausend Bleisoldaten warten im Schlossmuseum auf Besucher, daneben befindet sich eine historische Waffensammlung. Entstanden ist Morges ähnlich wie Montreux als Winzer- und Fischerdorf – eine Tradition, die heute noch durch Weinfeste gepflegt wird. Wie die gesamte Region am Genfer See ist Morges von der Sonne verwöhnt. Unsere Tour führt zunächst durch Weinberge, dann über schattenlose Landstraßen durch weite Felder. Ausgeschildert ist L'Isle. Je höher wir kommen, desto öfter gibt es ab und an in kleinen Waldstücken die Chance auf etwas Schatten. Der Col du Mollendruz, ein Mittelgebirgspass von 1184 Meter Höhe, lässt sich zügig fahren, Kurvenradius und

Entdeckung nahe der französischen Grenze: Le Pont liegt am Lac de Joux.

Ziel unserer Tour ist die Schweizer Bundesstadt Bern mit dem berühmten spätgotischen Münster.

17 Motorradtouren in der Schweiz

Region: Lac de Neuchâtel (Neuenburger See)
Etappe: Morges – Bern
Karten: Generalkarte der Schweiz, 1:300 000, Bundesamt für Landestopographie

Nr/km	Road	Position	Richtung	Information
1	1	Morges, Fahrtrichtung Genf	L'Isle, Echichens	
2 / 0,4		Morges	L'Isle, Echichens	
3 / 8		Cottens	Cossonay	
4 / 0,1		Cottens	L'Isle	
5 / 4		Abzweig Montricher	L'Isle	
6 / 3,5		L'Isle	Mont-la-ville, Mollendruz, Vallée de Joux	
7 / 5		Abzweig La Praz	Mollendruz	
8 / 4,5		Col du Mollendruz, 1184 m		
9 / 2,3		Abzweig Yverdon	Vallée de Joux	
10 / 1,4		Abzweig Vallorbe	Le Pont, Vallorbe	
11 / 1,5		Le Pont	Vallorbe, Col du Mont	Hotel de la Truite, Rue de la Poste 4, Le Pont, Tel. 0 21 / 8 41 17 71
12 / 8		Vallorbe	Pontarlier, Yverdon	
13 / 0,4		Vallorbe	Pontarlier	
14 / 2,5		Abzweig Orbe	Pontarlier	
15 / 6	57	Col du Jounge, 1025 m		
16 / 11	57	La Gauffre	Pontarlier	
17 / 2,5	57	Le Frambourg	Neuchâtel	Festung

Straßenbelag sind bestens. Kurz nach der Abfahrt kommt der Lac de Joux in Sicht, ein beliebtes Naherholungsgebiet im französisch-schweizerischen Grenzland. Le Pont ist eine kleine Ortschaft am Ende des Sees, hier finden sich Tretbootverleih und Gartenrestaurant. Nur nebenbei bemerkt: Der See liegt bereits 600 Meter über dem Genfer See – ein Höhenunterschied, den man beim Fahren so deutlich nicht wahrnimmt.

Weiter geht es Richtung in Frankreich über den schnurgerade ausgebauten Col de Jougne (1025 Meter), der kurz hinter der Grenze liegt. Auf einer langen Geraden fährt man vor Pontarlier auf die Festung Le Frambourg zu, die das Tal von oben bewachen sollte. Zu Füßen der Burg biegen wir rechts ab, um zurück in die Schweiz nach Fleurier zu gelangen, wo wir die Tour 16 kreuzen. Die Überlandstraße ist wenig befahren und führt direkt nach Neuchâtel. Wir biegen jedoch noch einmal links in Richtung La Chaux-de-Fonds ab. Durch den Wald geht es hinauf auf die Hochebene bei Brot-Plamboz. Die Abfahrt nach Corcelles, einem Vorort von Neuchâtel, hat durch den Höhenunterschied von 700 Metern auf kurzer Distanz nicht nur zahlreiche Kurven zu bieten, sondern auch einige schöne Ausblicke auf den Lac de Neuchâtel (Neuenburger See).

Nervig ist hingegen die Stadtdurchfahrt von Neuchâtel. Die Aus-

Entdeckungen in der Berner Innenstadt macht man am besten zu Fuß – hier die Kramgasse mit dem Zytgloggeturm.

17 Von Morges nach Bern

Nr/km	Road	Position	Richtung	Information
18 / 8	57	Zoll	Neuchâtel	
19 / 10	10	Fleurier	Neuchâtel V	Anschluss an Tour 16 nach Lausanne; Hotel de L'Aigle, Grand-Rue 27, Couvet, Tel. 0 32 / 8 63 26 44 V
20 / 11	10	Abzweig La Chaux-de-Fonds	La Chaux-de-Fonds, Brot-Plamboz	
21 / 7		Abzweig La Chaux-de-Fonds	Neuchâtel	
22 / 8		Abzweig Lausanne	Neuchâtel	
23 / 5		Corcelles	10 Neuchâtel	
24 / 2	10	Neuchâtel, Abzweig 20	Bern	Hotel Touring au Lac, Place Numa-Droz 1, Neuchâtel, Tel. 0 32 / 7 25 55 01
25 / 0,1		Neuchâtel	Bern	Altstadt, Rathaus, Schloss
26 / 0,1		Neuchâtel	Bern	Linke Spur: Autobahn !
27 / 5	A5	Autobahn	Abfahrt Neuchâtel Maladière	Zur Teilumgehung: weiter bis Abfahrt Thielle V
28 / 0,1		Abfahrt	Bern	
29 / 1		Neuchâtel	Bern	
30 / 2,5		Neuchâtel	Bern	
31 / 1,3		Marin	Bern	
32 / 2,7		Montmiral	10 Bern	
33 / 6,5	10	Ins	Bern	
34 / 7	10	Abzweig Autobahn	Kerzers, Bern	
35 / 0,6	10	Kerzers	Bern	Hotel Hippel Krone, Bernstraße 12, Kerzers, Tel. 0 31 / 7 55 51 22

schilderung treibt das in der Schweiz so beliebte System auf die Spitze. Fernziele wie Bern werden nur zur Autobahn ausgewiesen. Versucht man es auf anderen Straßen, muss man alle Dörfer im Umkreis auswendig kennen, um sich zu orientieren. Neuchâtel war von allen Städten, die ich für diesen Reiseführer besucht habe, die verkehrstechnisch unübersichtlichste. Auch nach drei Anläufen habe ich keine wirklich empfehlenswerte Route durch Neuchâtel gefunden. So bleibt hier leider nur ein Stück auf der Autobahn, die im Tunnel unter der City hindurchführt. Auch die im

Roadbook beschriebene Streckenführung über den Ortsteil La Maladière hat ihre Tücken, am besten bleibt man gleich auf der Autobahn bis zur Abfahrt Thielle.

Ohnehin ist die Fortsetzung der Tour nach Bern nur für diejenigen gedacht, die wirklich nach Bern wollen, beispielsweise um dort Anschluss an eine der anderen Touren zu finden. Um seiner selbst willen braucht man den Rest dieser Tour nicht mehr zu fahren. Die Ebene des Großen Moores ist langweilig, erst ab Kerzers wird es wieder landschaftlich nett. Dem dichten Verkehr kann man ab Gümmenen ausweichen, wo rechts eine Nebenstraße unter der riesigen alten Eisenbahnbrücke nach Laupen und Neuenegg führt. Parallel zur Autobahn verlaufen die letzten Kilometer nach Bern, wo man auf Tour 13 stößt.

Nr/km	Road	Position	Richtung	Information
36 0,02	10	Kerzers	Bern	
37 5	10	Kreuzung 1 Abzweig Lausanne	1 10 Bern	
38 1	1 10	Gümmenen	Laupen	
39 12		Neuenegg, Kreuzung 12	12 Bern	
40 7	12	Bern	Zentrum Tour 13 Autobahn	Anschluss an Tour 13 Historische Altstadt, Laubengänge

Hoch über der Aare erheben sich das Berner Münster und die sehenswerte Altstadt.

Günstige Übernachtung
Hotel de la Truite
Rue de la Poste 4
Le Pont
Tel. 0 21/8 41 17 71

Hotel de L'Aigle
Grand-Rue 27
Couvet
Tel. 0 32/8 63 26 44

Hotel Touring au Lac
Place Numa-Droz 1
Neuchâtel
Tel. 0 32/7 25 55 01

Hotel Hippel Krone
Bernstraße 2
Kerzers
Tel. 0 31/7 55 51 22

Auskunft
Office du tourisme du Canton de Vaud
60, Av. d'Ouchy
Case postale 164
CH-1000 Lausanne 6-Ouchy
Tel. 0 21/6 13 26 26
Fax 0 21/6 13 26 00

Neuchâtel Tourismus
Hôtel des Postes
CH-2001 Neuchâtel
Tel. 0 32/8 89 68 90
Fax 0 32/8 89 62 96

Bern Tourismus
Postfach
CH-3001 Bern
Tel. 0 31/3 28 12 28
Fax 0 31/3 11 12 22

18 Vom Vierwaldstätter See bis ins Tessin – Über Küssnacht nach Biasca

Ausgangsort
Küssnacht

Zielort
Biasca

Gesamttourenlänge
170 km

Zeitbedarf
1 Tag

Anschlüsse
In Bürglen von Tour 3, in Wassen an Tour 19 nach Interlaken, in Andermatt an Tour 7 nach Brig, in Disentis an Tour 20 nach Splügen, in Biasca an Tour 9 Richtung Nufenenpass

Pässe geschlossen
Oberalppass XI – V, Lukmanierpass XI – V

Sehenswertes
Disentis: Kloster

Kurzbeschreibung
Mit „Juchhe!" in die Berge: Wer direkt von der Autobahn kommt, gelangt auf dieser Route am schnellsten zu den attraktiven Pässen rund um den Gotthard. Von der Uferstraße am Vierwaldstätter See über Andermatt geht es hinauf in die stark von Touristen besuchte Bergwelt. Neben dem gut ausgebauten Oberalppass steht noch der einsame Lukmanierpass auf dem Programm.

Küssnacht liegt gut zu erreichen an einer schmalen Bucht des Vierwaldstätter Sees, dessen Ruf um die ganze Welt gegangen zu sein scheint – jedenfalls fährt alle Welt hin. Briten, Holländer, Franzosen, Japaner und Deutsche werden am Ufer und auf den Ausflugsschiffen gesichtet. Ob einem der Trubel gefällt, muss jeder selbst entscheiden. Die Uferstraße über Weggis, Gersau und Brunnen wird jedenfalls von so vielen wegen der Aussicht geschätzt, dass an ein schnelles Vorankommen nicht zu denken ist. Von Brunnen kommt noch der Verkehr von der Autobahn 4 aus Richtung Zürich hinzu, und Genuss ist etwas anderes als die Axenstraße, die zum Pflichtprogramm der Schweiz-Touristen zu gehören scheint. Reisebusse und Wohnwagengespanne lassen sich auf der kurvenreichen Straße nicht immer gleich überholen. Aber vielleicht sollte man es positiv sehen: Wenn im Sommer an einem schönen Sonntagmorgen gegen sieben Uhr die Ausflügler noch beim Frühstück sitzen,

Die Straße zum Lukmanierpass hinauf verläuft parallel zum Mittelrhein.

Auf dieser Tour wechseln sich Bergstraßen und weite, fruchtbare Täler wie hier bei Sedrun ab.

schwebt der Nebel flach über dem See, von oben von der Sonne beschienen. Und da ist sie wieder, die Vier-Sterne-Aussicht auf den Vierwaldstätter See.

Altdorf und Bürglen gehen ineinander über, und hier stößt von Osten die Tour 3, vom Klausenpass kommend, auf unsere Route. Auch wenn die Schilder uns permanent auf die Gotthard-Autobahn locken wollen, bleiben wir doch auf der alten St.-Gotthard-Straße. Mehrfach habe ich es im Sommer erlebt, dass hier der Verkehr floss, während vor dem Gotthard-Tunnel die Autofahrer in kilometerlangen Staus schwitzten. Gerade für Motorräder ist die serpentinenreiche Auffahrt nach Andermatt reizvoll, obwohl hier teilweise viel Verkehr unterwegs ist. In Wassen zweigt rechts die Tour 19 zum Sustenpass ab; wer nur eine kleine Runde drehen möchte, kann hier in Richtung Interlaken und Spiez anschließen. In den fol-

Motorradtouren in der Schweiz

Region: Vierwaldstätter See, Tessin
Etappe: Küßnacht – Biasca
Karten: Generalkarte der Schweiz, 1:300 000, Bundesamt für Landestopographie

Nr/km	Road	Position	Richtung	Information
1	2b	Küssnacht	Gersau, Brunnen, Gotthard	Hotel Terrasse am See, Vitznau, Tel. 0 41 / 3 97 10 33 Seehof du Lac, Seestraße, Gersau, Tel. 0 41 / 8 29 83 00
2 25	2b	Brunnen	Gotthard	
3 1,4	2b	Brunnen	Gotthard	
4 2	2b	Brunnen	Gotthard	
5 11	2	Flüelen, Abzweig Autobahn	Altdorf	Hotel Tourist, Axenstr. 90, Flüelen, Tel. 0 41 / 8 74 00 50
6 3	2	Bürglen	Andermatt	Anschluss von Tour 3
7 4,5	2	Abzweig Autobahn	Andermatt, Gotthard	
8 8	2	Amsteg	Andermatt, Gotthard	
9 11	2	Abzweig Autobahn nach Zürich	Gotthard, Wassen	
10 0,2	2	Abzweig Autobahn nach Lugano	Gotthard, Wassen	
11 1	2	Wassen	Gotthard V	Anschluss Tour 19 Richtung Interlaken V
12 10	2	Abzweig Andermatt	B19 Andermatt, Oberalppass	
13 1	19	Andermatt	Oberalppass V	Anschluss Tour 7 Sporthotel Sonne, Gotthardstr. 76, Andermatt, Tel. 0 41 / 8 87 12 26 Hotel 3 Könige & Post, Gotthardstr. 69, Andermatt, Tel. 0 41 / 8 87 00 01 V
14 11	19	Passhöhe Oberalppass 2046 m		
15 21	19	Disentis	V Lukmanier	Anschluss an Tour 20 Kloster Hotel Rhaetin, Disentis, Tel. 0 81 / 9 47 56 26 V
16 20		Passhöhe Lukmanierpass 1920 m		
17 41		Biasca	Bellinzona	

genden Kehren sollte man sich besonders genau an die Verkehrsvorschriften halten, denn von einem höher gelegenen Parkplatz aus kontrolliert die Polizei die darunter liegenden Serpentinen. Wilde Überholmanöver können hier schnell ins Geld gehen.

Nach einem kurzen Tunnel folgt rechts die Abfahrt nach Andermatt, geradeaus kann man nach Hospental zur Tour 7 in Richtung Furkapass

Die Gotthardstraße ist eine reizvolle Alternative zu dem 16 Kilometer langen Tunnel.

Nr/km	Road	Position	Richtung	Information
18 1,5		Biasca	Bellinzona, Biasca	
19 0,3		Pollegio 2		Anschluss in Bellinzona an Tour 10 Anschluss Tour 9 Richtung Nufenen Anschluss in Airolo an Tour 19

anschließen. Andermatt ist trotz der zahlreichen Touristen, die hier einen Zwischenstopp einlegen, ein hübsches Dorf geblieben. Kopfsteinpflaster auf den Straßen sorgt für vorsichtige Fahrweise. Die Straße zum Oberalppass biegt nach wenigen Häusern links ab. Weite Kurven verleiten zu ziemlich zügiger Fahrweise hinauf zum baumlosen Pass – der gute Asphalt tut das seinige dazu, dass hier keine Langeweile aufkommt. Vor allem Sportfahrer werden sich auf dieser Pass-Straße wohlfühlen. Jenseits der Passhöhe auf 2046 Metern geht es gleichmäßig bergab, der Straßenzustand wechselt nun aber oft zwischen alter, hubbeliger Piste und frisch renovierten Partien. Auch die Straßenbreite variiert.

Nach einer Linkskurve schaut man plötzlich in eine weite Ebene, wo die Orte Tavetsch und Sedrun inmitten von Wiesen liegen. Der Bach, der das Tal durchfließt, ist der junge Rhein, genauer: der Vorderrhein, zu dem sich bei Disentis der Mittelrhein gesellt. In Disentis müssen wir an der Stopp-Straße rechts abbiegen, während nach links die Tour 20 beginnt, die über Thusis nach Splügen führt.

Das Val Medel, in dem wir uns nun auf den Weg hinauf zum Lukmanier machen, wird mit jedem Kilometer einsamer, die massiven Graubündner Holzhäuser werden seltener. Der Passo del Lucomagno weist nicht sehr viele Kehren auf, er zieht sich recht gleichmäßig bis zur Passhöhe, die bei 1920 Metern erreicht wird. Sie bildet gleichzeitig die Grenze zwischen Graubünden und dem Tessin, zwischen der rätoromanischen und der italienischsprachigen Schweiz. Das fällt auch am Baustil der Bauernhäuser in den Dörfern auf; statt in Holz wird auf der Tessiner Seite viel mehr in Stein gebaut. Nach einigen Kehren wird das Tal breiter und fruchtbarer, die Straße läuft flott bis Biasca, wo nach rechts Anschluss an Tour 9 besteht, so dass man eine Pässe-Rundtour machen kann. Wer weiter Richtung Süden will, biegt links nach Bellinzona ab, dort besteht Anschluss an Tour 10.

Günstige Übernachtung

Hotel Terrasse am See
Vitznau
Tel. 041/3971033

Seehof du Lac
Seestraße
Gersau
Tel. 041/8298300

Hotel Tourist
Axenstraße 90
Flüelen
Tel. 041/8740050

Sporthotel Sonne
Gotthardstraße 76
Andermatt
Tel. 041/8871226

Hotel 3 Könige & Post
Gotthardstraße 69
Andermatt
Tel. 041/8870001

Hotel Rhaetia
Disentis
Tel. 081/9475626

Auskunft

Zentralschweiz Tourismus
Postfach
CH-6002 Luzern
Tel. 041/3184141
Fax 041/3184140

Verkehrsverein
Gotthardstraße 2
CH-6490 Andermatt
Tel. 041/8871454
Fax 041/8870185

Verkehrsverein Graubünden
Alexanderstraße 24
Postfach 660
CH-7001 Chur
Tel. 081/2542424
Fax 081/2542400

Ticino Turismo
Casella postale 1441
CH-6501 Bellinzona
Tel. 091/8257056
Fax 091/8253614

19 Über den St.-Gotthard-Pass und den Sustenpass – Von Airolo nach Spiez

Ausgangsort
Airolo

Zielort
Spiez

Gesamttourenlänge
140 km

Zeitbedarf
1/2 Tag

Anschlüsse
In Airolo von Tour 9, in Hospental an Tour 7, in Andermatt an Tour 18, in Meiringen an Tour 9, in Spiez an Tour 13

Pässe geschlossen
St.-Gotthard-Pass XI – V, Sustenpass XI – V

Sehenswertes
Meiringen: Aareschlucht

Kurzbeschreibung
Zwei Klassiker der Pässe stehen am Anfang dieser Tour, die vom Tessin zurück in Richtung Bern führt. Mit dem St.-Gotthard-Pass wird eine der wichtigsten Nord-Süd-Tangenten der Alpen befahren, wobei wir teilweise die ganz alte Kopfsteinpflaster-Straße benutzen. Der Sustenpass ist sowohl aufgrund der Straßenführung als auch wegen des Panoramas berühmt. Zurück im Tal, passieren wir noch den Brienzer See und den Thuner See. Wer viel schauen will, benötigt einen vollen Tag.

Airolo leidet unter dem Verkehrsaufkommen. Das letzte Tessiner Dorf vor dem St. Gotthard muss die Autobahn und die Hauptbahnstrecke verkraften. Wie viele Verkehrsstränge hier zusammentreffen, ist von oben besonders deutlich zu sehen. Wir folgen der alten St.-Gotthard-Pass-Straße, die sich in kurzen Schwüngen den Berg hinauf schraubt. Das Kopfsteinpflaster befindet sich in einem erstaunlich guten Zustand, von einigen Schlaglöchern mal abgesehen. Man blickt zurück ins Tal und sieht die Autobahn ebenso im Berg verschwinden wie die Bahnlinie. Nebenan schwingt sich die Hauptstraße über kühne Brückenbauten zur Passhöhe. Nach vier Kilometern auf der historischen Route folgen auch wir der Ausschilderung San Gottardo und landen auf der gut ausgebauten neuen Trasse der Gotthardstraße, um schneller voran zu kommen. Das Besondere am Gotthardpass ist

Auch in dicke Wolken gehüllt hat der Sustenpass seinen Reiz.

nicht seine Höhe – die ist mit 2108 Metern nicht höher als andere –, sondern der große Höhenunterschied von mehr als tausend Metern auf kurzer Distanz.

Die Abfahrt ins Hochtal nach Andermatt ist weniger spektakulär. Bei Hospental besteht die Möglichkeit, nach links auf Tour 7 zum Furkapass abzubiegen. Andermatt bleibt auf unserer Route rechts liegen, wir benutzen die Umgehungsstraße, die in den kurzen Tunnel führt. Anschließend folgen die Serpentinen ins Tal hinab in Richtung Vierwaldstätter See. In Wassen verlassen wir die Gotthardstraße und biegen nach links zum Sustenpass ab, der gleich mit kleinen Brücken und Tunneln beginnt. Der gleichmäßige Anstieg wird begleitet von einem Panorama der Sonderklasse, die Dreitausender scheinen zum Greifen nah zu sein. Die ursprüngliche Passhöhe ist nur zu Fuß zu erreichen, die Fahrstraße führt dreißig Meter tiefer auf 2224 Metern durch einen Tunnel. Mit einem kurzen Fußweg ist der alte Pass zu errei-

Airolo ist ein Verkehrsknotenpunkt, wo sich Gotthardstraße, die Autobahn und die Bahn treffen.

Motorradtouren in der Schweiz

Region: Tessin, St. Gotthard, Zentralschweiz
Etappe: Airolo – Thuner See
Karten: Generalkarte der Schweiz, 1:300 000, Bundesamt für Landestopographie

Nr	km	Road	Position	Richtung	Information
1			Airolo Zentrum	San Gottardo	Anschluss von Tour 9 Minotel Forni, Via Stazione, Airolo, Tel. 0 91 / 8 69 12 70
2	2		Abzweig zur Bundesstraße	San Gottardo	Alte Pass-Straße mit Kopfsteinpflaster
3	4		Abzweig nach Airolo	2 San Gottardo	
4	10	2	Passhöhe St.-Gotthard-Pass 2108 m		
5	9	2	Hospental, Abzweig Furka	V 19 Andermatt	Anschluss Tour 7 V
6	2	19 2	Abzweig nach Andermatt	Zürich, Altdorf V	Anschluss Tour 18 Sporthotel Sonne, Gotthardstr. 76, Andermatt, Tel. 0 41 / 8 87 12 26 Hotel 3 Könige & Post, Gotthardstr. 69, Andermatt, Tel. 0 41 / 8 87 00 01 V
7	7	2	Göschenen	Altdorf, Wassen	
8	4	2	Wassen	11 Interlaken, Sustenpass	Anschluss von Tour 18
9	19	11	Passhöhe Sustenpass 2224 m		Fußweg zur alten Passhöhe
10	28	11	Innertkirchen	6 Meiringen, Interlaken	Anschluss von Tour 9
11	2	6 11			Aareschlucht, Parkplatz in Linkskurve
12	3,5	6 11	Abzweig Meiringen	Transit V	Anschluss Tour 9 Richtung Luzern Hotel Meiringen, Bahnhofplatz 1, Meiringen, Tel. 0 33 / 9 72 12 12 V
13	1,5	6 11	Abzweig Brünig	Interlaken	
14	6	6 11	Abzweig Interlaken	V Interlaken	Autobahn nach Interlaken V
15	0,2	6 11	Abzweig Interlaken	Interlaken	
16	0,1	6 11	Abzweig Interlaken	Interlaken	
17	1	6 11	Abzweig zur Autobahn	Brienz, Interlaken	Seehotel Bären, Brienz, Tel. 0 33 / 9 51 24 12

chen, von wo aus man bei klarer Sicht alle umliegenden Gipfel überschauen kann. Linker Hand folgt der Steingletscher mit seinem Gletschersee. Die Szenerie wechselt so oft, dass man alle paar Kehren stehen bleiben könnte, nur um zu schauen. Zahlreiche kleine Tunnel unterbrechen die Aussicht nur kurz, bis es durch das Gadmental hinuntergeht nach Innertkirchen. Das einzige Problem beim Sustenpass besteht aus dichten Wolken, die sich gern dort oben zusammenziehen und die Aussicht unmöglich machen. Und wer den Pass einmal bei Nässe gefahren ist – mir hatte zu allem Überfluss beim letzten Mal noch ein Autofahrer eine dreißig Kilometer lange Dieselspur auf die Strecke gelegt –, konzentriert sich lieber auf die Straße als auf die Naturschönheiten.

Bis Meiringen laufen Tour 19 und Tour 9 gemeinsam, dann biegt Tour 9 durch Meiringen hindurch zum Brünigpass ab, während diese Route geradeaus auf der Umgehungsstraße zum Brienzer See führt. In Brienz liegen einige Gasthöfe wie das Seehotel Bären direkt am Seeufer, der Blick aus dem Fenster entschädigt für die Etagendusche. Von der Uferstraße nach Interlaken schaut man immer wieder nach links ans andere Ufer zum Faulhorn und dem Hausberg von Interlaken, Schynige Platte. Interlaken selbst umfahren wir auf der vierspurigen Umgehungsstraße. Hinter der Ausfahrt nach Grindelwald teilen sich die Spuren im Tunnel: Hier muss man sich links einordnen. Dort, wo die Schnellstraße dann zur Autobahn wird, verlassen wir sie, um nach rechts über Faulensee nach Spiez an den Thuner See zu fahren, wo die Tour endet. Wer der Straße 11 folgt, bekommt nach zwei Kilometern Anschluss an Tour 13 in Richtung Zweisimmen und zum Jaunpass.

Nr/km	Road	Position	Richtung	Information
18 19	6 11	Ortseingang Interlaken, Abzweig „Hotels"	Interlaken V	In den Ort hinein: Anschluss Tour 15 Hotel Bellevue, Marktgasse 59, Interlaken, Tel. 0 33 / 8 22 44 31 V
19 1,5	6 11	Beginn Autostraße	Thun, Spiez	
20 1	6 11	Ausfahrt Grindelwald	Spiez	
21 2,5	6 11	Tunnel	Spiez	Im Tunnel links einordnen !
22 11	6 11	Autostraße	V 6 11 Spiez, Faulensee	Beginn Autobahn Richtung Bern V
23 4	6 11	Spiez, Abzweig Zentrum	Bern, Thun	
24 1	6 11	Spiez	Bern, Thun	
25 0,5	6 11	Spiez, Abzweig Zweisimmen	11 Zweisimmen	Anschluss Tour 13

Bild auf Seite 120: Wenn sich der Frühnebel über dem Brienzer See lichtet, tauchen die Berge langsam zwischen Wasser und Wolken auf.

Unten: Die alte Gotthardstraße kreuzt bei Airolo die neue Trassenführung mit ihren Brücken.

Günstige Übernachtung
Minotel Forni
Via Stazione
Airolo
Tel. 0 91/8 69 12 70

Sporthotel Sonne
Gotthardstraße 76
Andermatt
Tel. 0 41/8 87 12 26

Hotel 3 Könige & Post
Gotthardstraße 69
Andermatt
Tel. 0 41/8 87 00 01

Hotel Meiringen
Bahnhofplatz 1
Meiringen
Tel. 0 33/9 72 12 12

Seehotel Bären
Brienz
Tel. 0 33/9 51 24 12

Hotel Bellevue
Marktgasse 59
Interlaken
Tel. 0 33/8 22 44 31

Auskunft
Ticino Turismo
Casella postale 1441
CH-6501 Bellinzona
Tel. 0 91/8 25 70 56
Fax 0 91/8 25 36 14

Zentralschweiz Tourismus
Postfach
CH-6002 Luzern
Tel. 0 41/3 18 41 41
Fax 0 41/3 18 41 40

Verkehrsverein
Gotthardstraße 2
CH-6490 Andermatt
Tel. 0 41/8 87 14 54
Fax 0 41/8 87 01 85

Berner Oberland Tourismus
Jungfraustraße 38
CH-3800 Interlaken
Tel. 0 33/8 23 03 03
Fax 0 33/8 23 03 30

Graubündner Impressionen – Von Disentis nach Splügen

20

Von Disentis aus geht es zu Füßen des Klosters in Richtung Chur – in Ermangelung von Alternativen auf der Straße 19. In Sichtweite fließt der Rhein, nun schon ein wenig mehr Fluss als zuvor in seinem jungen Oberlauf bei Sedrun. Aus dem Val da Sumvitg erhält er weiteren Zufluss, auch wenn sich der „Rein da Sumvitg" auf Rätoromanisch ohne „h" schreibt. Man kann hier die Maschine gut laufen lassen. Die hübschen kleinen Dörfer liegen etwas abseits der Hauptstraße, die im Sommer vor allem an Wochenenden stark befahren ist. Ein Stück hinter Trun kommt von rechts die Einmündung von Obersaxen herab, die in Tour 7 beschrieben ist. Während Tour 7 oben im Hang verläuft, bleiben wir an der Nordseite des Tales, bis wir Ilanz erreichen. Wer ein bisschen

Ausgangsort
Disentis

Zielort
Splügen

Gesamttourenlänge
100 km

Zeitbedarf
1/2 Tag

Anschlüsse
In Bonaduz an Tour 7, von Thusis via Tiefencastel an Tour 4 und Tour 6, in Splügen an Tour 8

Sehenswertes
Disentis: Kloster; Thusis: Via Mala

Kurzbeschreibung
Diese Tour ist die Gegenstrecke zur Tour 7 und soll einerseits Tour 18 nach Nordosten ergänzen und andererseits einen Nord-Süd-Anschluss nach Splügen zur Tour 8 herstellen. Als Einzeltour wird diese Strecke wohl nicht gefahren, sondern nur in Kombination. Der Verlauf im Tal schmälert den Fahrgenuss nicht, vor allem die Strecke von Bonaduz hinauf nach Splügen ist kurvenreich.

Bei Thusis verengt sich das Tal. An der schmalsten Stelle lohnt die Via Mala, eine spektakuläre Schlucht, den Abstieg zu Fuß.

Motorradtouren in der Schweiz 20

Region: Graubünden
Etappe: Disentis – Splügen
Karten: Generalkarte der Schweiz, 1:300 000, Bundesamt für Landestopographie

Nr/km	Road	Position	Richtung	Information
1	19	Disentis/ Mustér	Chur	Kloster Hotel Rhaetia, Disentis, Tel. 0 81 / 9 47 56 26
2 30	19	Ilanz	Chur	Vals Hotel Casutt, Glennerstraße 20, Ilanz, Tel. 0 81 / 9 25 11 31
3 22	19	Abzweig Autobahn	2 x 13 Reichenau	Hotel Meiler-Prau da Monis, Flims-Dorf, Tel. 0 81 / 9 20 93 93
4 1	13	Reichenau	Thusis	
5 0,5	13	Abzweig Autobahn	Thusis	
6 1,5	13	Bonaduz	Thusis V	Anschluss an Tour 7 V
7 14	13	Thusis	V San Bernardino, Via Mala	Anschluss an Touren 4 und 6 über Tiefencastel V
8 4				Via Mala
9 9	13	Andeer	Autostraße Splügen	An der Tankstelle rechts durch Andeer V
10 2,5	13	Tunnelende	Avers, Rofla	
11 0,1		Abzweig Juf, Avers	Andeer	Juf A
12 0,6		Abzweig Andeer	Splügen	
13 7		Kreuzung Autobahn	Splügen	
14 0,05		Kreuzung Autobahn	Splügen	
15 4		Splügen		Anschluss an Tour 8 Hotel Walserhof, Medels, Tel. 0 81 / 6 64 16 12 Posthotel Bodenhaus, Bodenplatz, Splügen, Tel. 0 81 / 6 50 90 90

Zeit mitbringt, kann einen Abstecher am Valser Rhein entlang ins Valser Hochtal machen.

In Ilanz besteht zudem die Möglichkeit, diese spektakuläre Bergstrecke der Tour 7 auf der Südseite des Tales entgegen der dort beschriebenen Richtung zu fahren. Man folgt dazu der Ausschilderung nach Ilanz und biegt im Zentrum dann nach links in Richtung Versam und Bonaduz ab. Dies empfiehlt sich vor allem bei guter Sicht.

Wer schneller vorankommen möchte, folgt der Straße 19 auf dieser Tour, die nun auch deutlich an Höhe gewinnt. Die Wintersportorte Laax und Flims werden in 1100 Meter Höhe passiert, bevor es mit zwölf Prozent Gefälle hinabgeht nach Reichenau und Bonaduz. Dabei muss die von Chur kommende Autobahn gekreuzt werden, dann gelangt man auf die leere Straße 13 nach Thusis. Das kleine Dorf Rhäzüns ist in der Schweiz jedem namentlich bekannt, weil aus der örtlichen Quelle ein vorzügliches Mineralwasser gewonnen wird. Dass über dem Dorf auch ein markantes Schloss auf einem Felsen thront, dürfte weniger geläufig sein.

In Thusis bietet sich eine Variante in Richtung Engadin an: Über die fast zu breit ausgebaute Straße nach Tiefencastel besteht ein Anschluss an Tour 4 über den Albulapass in Richtung St. Moritz oder Davos. Von Tiefencastel sind es vier Kilometer in Richtung Davos, bis die Tourenbeschreibung einsetzt. Auf diesem Weg ist die Schinnschlucht von Interesse, auch wenn hier die Reisebusse in Massen anhalten. Von einer alten Steinbrücke schaut man tief hinab auf den rauschenden Fluss Albula. Auch auf der Strecke hinauf nach Splügen folgt eine berühmte Schlucht, die Via Mala (gleichnamiger, ver-

filmter Roman des schweizerischen Schriftstellers John Knittel!). Eng und dunkel verläuft die Straße zwischen den Felsen, doch von dem Parkplatz muss man noch einmal 257 Stufen hinabsteigen, um die tosenden Fluten des Hinterrheins zu bewundern, die sich hier durch die Klamm zwängen.

Wer konsequent auf der alten Straße bleiben möchte, muss in Andeer an der Tankstelle rechts abbiegen und durch den Ort mit seinen reich verzierten Steinhäusern fahren. Die Ausschilderung führt um das Dorf herum auf die Schnellstraße. Wir nutzen sie nur durch eine Galerie hindurch bis zur nächsten Ausfahrt nach Juf, um wieder auf die alte Straße nach Splügen zurückzukehren. Sie führt wildromantisch durch eine Schlucht, auch wenn hinter Sufers der Straßenverlauf komisch wirkt. Die alte Straße verläuft mal links, mal rechts und ist von der neuen Trasse durch einen Maschendrahtzaun abgetrennt. Ein wenig der ursprünglichen Straße mit ihrem gepflegten Kopfsteinpflaster ist in Splügen erhalten, wo wir auf Tour 8 treffen, die von St. Moritz kommend über den San Bernardino nach Bellinzona führt.

In Andeer muss man aufpassen, dass man die alte Straße hinauf nach Splügen erwischt.

In Thusis bietet sich die Möglichkeit, über Tiefencastel Anschluss an Tour 4 zum Albulapass zu bekommen.

Günstige Übernachtung
Hotel Rhaetia
Disentis
Tel. 0 81/9 47 56 26

Hotel Casutt
Glennerstraße 20
Ilanz
Tel. 0 81/9 25 11 31

Hotel Meiler-Prau da Monis
Flims-Dorf
Tel. 0 81/9 20 93 93

Hotel Walserhof
Medels
Tel. 0 81/6 64 16 12

Posthotel Bodenhaus
Bodenplatz
Splügen
Tel. 0 81/6 50 90 90

Auskunft
Verkehrsverein Graubünden
Alexanderstraße 24
Postfach 660
CH-7001 Chur
Tel. 0 81/2 54 24 24
Fax 0 81/2 54 24 00

Die Schweiz von A bis Z

Autobahngebühr
Auf Schweizer Autobahnen besteht Mautpflicht. Die Autobahnvignette ist in Deutschland bei den Automobilclubs, an den Grenzübergängen sowie an zahlreichen Tankstellen im Grenzgebiet und in der Schweiz erhältlich. Wer ohne Vignette auf einer Autobahn erwischt wird, muss mit hohen Bußgeldern rechnen.

Essen und Trinken
In der Schweiz kann man gut essen und trinken, leider auf einem hohen Preisniveau. Für ein Hauptgericht in einem Gasthof muss man etwa 20 bis 25 Franken rechnen. Biertrinker können mit den leicht erhöhten Preisen noch leben, doch ganz arg trifft es die Weinliebhaber. Wer in Deutschland Preise von fünf bis acht Mark für einen Schoppen (0,2 l) gewöhnt ist, muss in der Schweiz den gleichen Betrag in Franken hinlegen, bekommt aber nur ein 0,1-l-Glas. So gut die Schweizer Weine munden – das ist dann doch zu viel des Guten.

Geld
Der Schweizer Franken ist eine starke Währung, die das Alpenland für deutsche Urlauber teuer macht. Häufig kann man mit Kreditkarte bezahlen, trotzdem sollte man bereits vor Reisebeginn Bargeld tauschen. So muss beispielsweise die Vignette an Tankstellen grundsätzlich bar bezahlt werden. Auch beim Tanken (s. u.) braucht man gelegentlich Bares. An vielen Geldautomaten kann man auch mit deutschen EC-Karten Franken ziehen.

Pässe
Manche der Schweizer Pässe sind nicht für Anfänger geeignet. Kopfsteinpflaster und sehr enge Kehren können vorkommen. Man sollte seine Maschine sicher beherrschen, bevor man sich in die Berge traut – vor allem bei schlechtem Wetter. Wer in der Vor- oder Nachsaison unterwegs ist, also den Monaten Mai und Oktober, sollte sich vor Reisebeginn bei seinem Automobilclub erkundigen, welche Pässe eventuell geschlossen sind. Dies kann von Jahr zu Jahr je nach Witterungsverlauf unterschiedlich sein; die Angaben in diesem Buch sind nur Anhaltswerte.

Sprachen
Die Schweiz ist vielsprachig. Neben Deutsch und Französisch werden noch Italienisch und Rätoromanisch gesprochen. In der rätischen Schweiz kommt man mit Deutsch gut durch, auch im italienischsprachigen Teil geht es meist gut. Allein im französischsprachigen Teil des Landes kann es gelegentlich Verständigungsprobleme geben, wenn man nur Deutsch spricht.

Tanken
Benzin ist in der Schweiz billiger als in allen Nachbarländern. Größtes Ärgernis für Motorradfahrer: Viele Tankstellen in der Schweiz bestehen nur aus Tankautomaten, wo man mit Geldscheinen oder Kreditkarte bezahlen kann. Letzteres gilt leider nicht für Ausländer: Es werden nur in der Schweiz ausgestellte EC- und Kreditkarten akzeptiert. Deutsche Kreditkarten werden mit dem Hinweis „Systemfremde Karte“ wieder ausgespuckt. Um überhaupt Sprit zu bekommen, sollte man also darauf ach-

ten, kleine Geldscheine dabei zu haben. Für einen Zwanzig-Franken-Schein gibt es etwa 16 Liter Benzin; was nicht mehr in den Tank passt, verfällt. Tankstellen mit Bedienung nehmen meist auch ausländische Kreditkarten.

Telefon

Die Vorwahl aus der Schweiz nach Deutschland lautet 0049, von Deutschland in die Schweiz wählt man 0041 und lässt dann die Null der Ortsvorwahl weg. Das Mobiltelefonnetz in der Schweiz ist flächendeckend ausgebaut, auch in den Bergen hat man meistens Anschluss. Die Minutenpreise für mobiles Telefonieren lagen bei Redaktionsschluss etwa bei zwei Mark pro Minute. Allgemeine touristische Informationen gibt es von 8 – 21 Uhr kostenfrei unter Tel. 00 800 / 100 200 300.

Übernachtung

Die Schweizer Hotellerie blickt auf eine lange Tradition zurück und hat damit viele alte Hotels vorzuweisen. Nicht überall reichte das Geld, um die Zimmer zu modernisieren. Daher gibt es überdurchschnittlich viele Häuser mit Etagendusche und Gemeinschaftstoilette. In solchen Häusern lässt es sich günstiger wohnen, vor allem in den Städten. Eine zweite Besonderheit sind die Personenpreise, die für Einzelreisende von Vorteil sind. Auf dem Land kostet ein Einzelzimmer zwischen 65 und 85 Franken. Für Paare sind die Personenpreise schlecht, sie zahlen meist knapp das Doppelte für ein gleichwertiges Zimmer. Absolutes Sparmodell bei der Unterkunft sind die Touristen- oder Gruppenlager mit Mehrbettzimmern auf schlichtestem Niveau. In den Städten wird einem teilweise so in die Tasche gegriffen, dass von einer Übernachtung abgeraten werden muss. Preise, die selbst in Mittelklassehotels bei 250 Franken beginnen, mögen bei Geschäftsreisenden durchsetzbar sein, für Urlauber macht diese Preisgestaltung jedoch keinen Sinn. Im Umland finden sich häufig preiswertere und gemütlichere Quartiere. Hilfreich bei der Hotelsuche sind das kostenlos erhältliche Verzeichnis der Swiss Budget E&G Hotels (Case postale 160, CH-1884 Villars, Tel. 0041/ 24-4 95 11 11, Fax 0041/24-4 95 75 14, E-Mail e&g@rooms.ch) und der „Hotelführer für Motorradfahrer“ aus dem DiCom-Verlag. Letzterer ist eine Sammlung von Anzeigen von Hotels und Gasthöfen, die sich selbst als motorradfreundlich bezeichnen.

Verkehrsvorschriften

In der Schweiz gilt Tempo 80 auf allen Straßen außerorts, Ausnahmen bilden nur vierspurige Schnellstraßen mit Tempo 100 und Autobahnen mit Tempo 120. Geschwindigkeitsüberschreitungen werden richtig teuer. Wichtig am Pass: Wer bergauf fährt, muss an Engstellen warten. Postbusse kündigen sich auf den Pass-Straßen mit ihrem markanten Horn an.

Zoll

Die Schweiz gehört nicht zur Europäischen Union. Insbesondere bei der Einreise (es genügt ein Personalausweis) müssen Sie auf die Standardfrage gefasst sein, ob Sie Waren dabei haben – selbst wenn Sie nur einen Tankrucksack für die kleine Tour mitnehmen. Als Einreise gilt auch die Rückkehr in die Schweiz im Grenzgebiet zu Frankreich oder Italien, selbst wenn die Tour nur ein paar Kilometer durch die Nachbarländer führte. Gespannfahrer mit Zuladungsmöglichkeiten sollten wissen, dass französischer oder italienischer Wein (oder andere Waren) auch auf der Durchreise deklarationspflichtig sind.

Ortsregister